FRIEDBERT PFLÜGER

Richard von Weizsäcker

FRIEDBERT PFLÜGER

Richard von Weizsäcker

Mit der Macht der Moral

Deutsche Verlags-Anstalt

FSC

Mix
Produktgruppe aus vorbildlich
bewirtschafteten Wäldern und
anderen kontrollierten Herkünften

Zert -Nr SGS-COC-001940
www.fsc.org
© 1996 Forest Stewardship Council

Verlagsgruppe Random House FSC-DEU-0100
Das für dieses Buch verwendete FSC-zertifizierte
Papier *Munken Premium*
liefert Arctic Paper Munkedals AB, Schweden.

1. Auflage
Copyright © 2010 Deutsche Verlags-Anstalt, München,
in der Verlagsgruppe Random House GmbH
Alle Rechte vorbehalten
Typografie und Satz: Brigitte Müller, DVA
Gesetzt aus der Sabon
Druck und Bindung: GGP Media GmbH, Pößneck
Printed in Germany
ISBN 978-3-421-04445-7

www.dva.de

Für Leonhard und Josephine

Inhalt

Einleitung 9

1 Der andere Weg zur Einheit 13

Verzicht auf den Begriff Wiedervereinigung
Unterstützung für Willy Brandts Ostpolitik
Rede auf dem Kirchentag in der DDR
Begegnungen mit Honecker und Gorbatschow · Die Mauer fällt
Zusammenwachsen, nicht zusammenwuchern
Die Teilung durch Teilen überwinden · Hauptstadt Berlin
Stolpe, Vogel und die Bürgerrechtler

2 Befreiung und Versöhnung durch Erinnerung 49

Bitburg und die deutsche Orientierungslosigkeit
Die Antwort am 8. Mai · Ewig im Büßerhemd?
Der Historikerstreit · Der Coup des Prinzen Claus
Historischer Besuch in Israel · Alte Feinde, neue Freunde
Die prägende Erfahrung des Krieges
Die Verteidigung des Vaters

3 Verantwortete Freiheit statt Parteienstaat 85

Der Staat als Beute der Parteien
Der Einmarsch der Parteien in Ostdeutschland
Weizsäcker und Kohl: Aus Freunden werden Gegner
Weizsäcker und Strauß: Aus Feinden werden Partner
Ein verhinderter Kanzler? · Grundwerte und Tugenden
Ein unpolitischer Präsident?

4 Europäer und Weltbürger 129

Stationen eines Diplomatenkindes
Fauxpas bei der Queen · Die Krise Europas überwinden
Engagement für ein handlungsfähiges Gesamteuropa
Partner, nicht »Pudel« der USA
Deutschlands langer Weg nach Westen

5 Der Mensch, der Chef, der Bürger 177

Versöhnung von Geist und Macht
Brandt und Weizsäcker – Fremdlinge unter den Mächtigen?
Mit Boris Becker im »Sportstudio« · Der fordernde Redner
... und anspruchsvolle Chef

Register 218

Einleitung

Am 12. November 1989, drei Tage nach dem Fall der Mauer, besucht Bundespräsident Richard von Weizsäcker einen Abendmahl-Gottesdienst in der Berliner Gedächtniskirche. Es herrscht ein großes Gedränge, unzählige Menschen aus beiden Teilen der Stadt schieben sich in die Bänke, sitzen, hocken und stehen dicht an dicht. Am Ende der Andacht bittet Landesbischof Martin Kruse den Bundespräsidenten um ein Grußwort an die Gemeinde. Es wird eine kurze Ansprache, in der Richard von Weizsäcker seine lebhafte Freude zum Ausdruck bringt, aber auch die ernsten Sorgen benennt, die ihn in jenen Tagen bewegen: Er verbindet die überwältigenden Ereignisse der vergangenen Stunden nun mit dem, was er in seinem bisherigen Leben gelernt hat und was im Laufe der Jahre die Leitschnur seiner politischen Überzeugung geworden ist. Wer sich dem Politiker und Menschen Richard von Weizsäcker nähern will, sollte bei der Rede in der Gedächtniskirche beginnen.

»Wie lange haben wir in Berlin gehofft und gewartet, gemeinsam aus Ost und West einen Gottesdienst feiern zu können. Nun erfüllt uns tiefe Freude und Dankbarkeit der Herzen. Dabei sollte niemand sich und anderen erlauben, Triumphgefühle aufkommen zu lassen, gegenüber niemandem... Wir brauchen Zeit, um unsere Gefühle und Gedanken zu ordnen... Für uns im Westen gilt es, bereit zu sein, mit offenen Herzen und Türen, aber nicht mit unserer Tür drüben ins Haus zu fallen. Es geht nicht darum, dass nun unsere Urteile und Gewohnheiten einfach überschwappen. Unsere Westmark kann und muss helfen, aber sie darf niemanden an die Wand drücken.«

Und dann zitiert Weizsäcker aus dem Paulus-Brief an die Galater: »So bestehet nun in der Freiheit, zu der uns Christus befreit hat, und lasset euch nicht wieder in ein knechtisches Joch einfangen. Ihr seid zur Freiheit berufen. Allein sehet zu, dass ihr die Freiheit nicht missbraucht, euch selbst zu leben. Sondern durch die Liebe diene einer dem anderen.«

Dieses Wort, Weizsäcker seit den Tagen seines Engagements beim Evangelischen Kirchentag ans Herz gewachsen, kann durchaus als eine Art Leitlinie seines Politikverständnisses betrachtet werden. Freiheit nicht als Freiheit von Bindungen, Aufgaben und Pflichten zu begreifen, sondern als Freiheit, aus dem eigenen Leben etwas Sinnvolles zu machen, auszuwählen zwischen den unendlichen Möglichkeiten des Lebens. Nicht Freiheit von etwas, sondern zu etwas. Und die erkämpfte Freiheit nicht aus Bequemlichkeit, Gleichgültigkeit oder Zaghaftigkeit wieder zu verlieren, sondern aktiv zu schützen.

Gleichzeitig glaubte Weizsäcker vor dem Hintergrund der Ereignisse der vorausgegangenen Tage offenbar, dass Mahnungen notwendig waren: Man brauche Zeit zum Innehalten, niemand verfüge über Patentrezepte, es dürfe nicht alles aus dem Westen einfach nach Osten verfrachtet werden, die Ostdeutschen dürften von der ökonomischen Macht des Westens nicht überrollt werden …

Niemand hatte bis dahin so gesprochen, und wenige verstanden damals, was Weizsäcker eigentlich meinte. In der Kirche hatte der Präsident die Gemeinde mit seinen

Worten wohl erreicht und nachdenklich gemacht. Aber draußen interessierte sich kaum jemand für seinen Aufruf zur Behutsamkeit: Überschwängliche Freude war angesagt, nicht Abwägung.

In diesem Sinne zeigte sich auch in den folgenden Monaten und Jahren: Richard von Weizsäcker wollte einen anderen Weg zur Einheit der Deutschen nach dem Fall der Mauer. Er fürchtete, dass die beiden Teile Deutschlands nicht zusammenwachsen, sondern zusammenwuchern würden. Daraus würden sich zwangsläufig große Probleme entwickeln. Hat er nicht, zumindest teilweise, recht behalten?

Dieses Buch will keine umfassende Biografie sein, die alle Stationen, Ereignisse, Reisen und Reden im Leben des Richard von Weizsäcker dokumentiert und beschreibt. Es beschränkt sich auf die wichtigen Themen seines Lebens, konzentriert sich auf die Schwerpunkte dessen, was ihn in seinen verschiedenen Funktionen bestimmt und bewegt. Mit seinem Wirken hat er unser Leben und unser Land in einer wesentlichen Situation seiner Geschichte, unmittelbar vor und nach seiner Einheit, in erheblicher Weise mit geprägt und gestaltet. Ich habe zwischen 1981 und 1989 acht Jahre als einer seiner engsten persönlichen Mitarbeiter für und mit ihm gearbeitet und hatte deshalb besondere Einsichten in Weizsäckers Wirken.

Beim Schreiben habe ich mich um Objektivität und Distanz bemüht, allerdings im Wissen, dass dies vor dem beschriebenen Hintergrund der Nähe nur sehr unvollständig gelingen wird. Ich fühle mich Richard von Weizsäcker bis heute menschlich und politisch herzlich verbunden.

Schon einmal, vor genau zwanzig Jahren, habe ich – übrigens im gleichen Verlag – ein Buch über Weizsäcker geschrieben. Das war ein sehr persönliches Buch mit vielen Tagebuchaufzeichnungen, voller Bewunderung für den Chef und väterlichen Freund. Ich habe von all dem nichts zurückzunehmen. Die eine oder andere Passage wird dem Leser daher vielleicht bekannt vorkommen. Was damals wahr und wichtig war, muss auch zwanzig Jahre später seinen Platz beanspruchen dürfen. Das frühere Buch endet mit dem Fall der Mauer, etwa zur Halbzeit seiner Amtszeit. Die inzwischen vergangene Zeit ermöglicht nun einen umfassenderen Blick auf Richard von Weizsäcker.

Dieses Buch erscheint zu Weizsäckers 90. Geburtstag und muss deshalb bei aller kritischen Würdigung auch Züge einer Hommage tragen. Eine Hommage an einen großen Deutschen und erfolgreichen Staatsmann, an einen idealtypischen Vertreter des aufgeklärten und liberalen Bürgertums und gleichzeitig einen fordernden und fairen Chef, einen geradlinigen und liebenswürdigen Charakter (so viel zum versprochenen Bemühen um Objektivität).

Berlin, im Januar 2010   Friedbert Pflüger

1

Der andere Weg
zur Einheit

Das große Lebensthema Weizsäckers war seit eh und je die
Überwindung der Teilung Berlins, Deutschlands und Europas. Wie wenige andere hat er vor und nach der europäischen Revolution 1989/90 dazu selbst beitragen können. In
gewisser Weise war er immer ein gesamtdeutscher Politiker
und schon vor dem 3. Oktober 1990 gesamtdeutscher Präsident gewesen. Bei seiner Antrittsrede vor dem Deutschen
Bundestag am 1. Juli 1984, also in einer Zeit, in der sich die
meisten Westdeutschen mit der Teilung dauerhaft abgefun-
den hatten (was heute sehr viele nicht mehr wahrhaben wollen), hatte er sich ausdrücklich an alle Deutschen gewandt.
Aber: In der Art und Weise, die Einheit zu denken und
sich für sie einzusetzen, in den ihn treibenden Einsichten
und Erfahrungen und schließlich auch in der Debatte über
den richtigen Weg vor und nach dem Fall der Mauer hatte
er doch eigene Vorstellungen, die sich nicht selten von
denen der Mehrheit in der eigenen Partei oder denen des
Kanzlers Helmut Kohl unterschieden. Dies gilt ausdrücklich nicht für die außenpolitische Absicherungsstrategie des
Einheitsprozesses durch die Regierung Kohl/Genscher und
die europapolitische Einbettung der Wiedervereinigung, die
Weizsäcker für eine historische Leistung hält. Dies gilt wohl
aber für den Prozess des inneren Zusammenwachsens der
Deutschen.

Verzicht auf den Begriff Wiedervereinigung

Schon in den siebziger und achtziger Jahren ging es Weizsäcker bei seinem deutschlandpolitischen Engagement nicht primär um die staatliche Wiedervereinigung. Zwar lehnte er dieses Ziel nicht ausdrücklich ab, aber er gebrauchte den Begriff nicht. Wichtiger als die Frage der Wiedervereinigung war ihm das Selbstbestimmungsrecht, nämlich die Freiheit der Deutschen, das eigene Schicksal zu bestimmen.

Weizsäcker glaubte nie daran, dass die Mauer in Berlin und die Teilung des Landes in der Zukunft Bestand haben würden, die Mitte eines Landes, gar eines Kontinents konnte seiner Meinung nach auf Dauer nicht eine Grenze sein. Insofern war er sich immer sicher, dass die Architektur Deutschlands und Europas sich ändern würden. Dieser Überzeugung hat er oft Ausdruck verliehen, zum Beispiel bei seiner Rede anlässlich des 20. Jahrestages des Mauerbaus am 13. August 1981.

Aber wie sich diese Änderungen ergeben würden, wie genau sie aussehen würden – das ließ er offen. Ja, er hielt Festlegungen und völkerrechtliche Maximalpositionen eher für schädlich. Sie erschwerten seiner Meinung nach Bewegungsspielräume, nicht zuletzt für die Politiker in Osteuropa und der DDR.

In diesem Sinne formulierte Weizsäcker, damals Regierender Bürgermeister von Berlin, in einer Rede zur »Lage der Nation« im Deutschen Bundestag am 9. September 1982, zu einer Zeit also, als die Feindschaft zwischen West und Ost noch in Stein gemeißelt schien: »Unsere Fantasie reicht zwar nicht aus, uns die Machtkonstellation auszumalen, die eine neue europäische Architektur ohne alte, überlebte Staatengebilde hervorbringt, welche die Grenze überwindet,

die durch die Mitte verläuft. Die Teilung ist also, geschichtlich gesehen, mehr als eine Momentaufnahme. Aber wer sie
zum Dauerzustand erklärt, hat die geschichtliche Wahrheit
wahrscheinlich nicht auf seiner Seite. Die Mitte des Kontinents taugt auf die Dauer für ein Großreich so wenig wie
für eine Grenze. Das Wahrscheinliche für die Mitte ist der
Wandel.«

Am Ende der Ansprache erhob sich Bundeskanzler Helmut Schmidt, ging zur Bundesratsbank und gratulierte dem
Regierenden Bürgermeister. Ein seltenes Bild im Deutschen
Bundestag, zumal die damalige Debatte im Zeichen der
parteipolitischen Polarisierung stand. Drei Wochen später
verlor der Sozialdemokrat Schmidt seinen Posten durch ein
konstruktives Misstrauensvotum an den Christdemokraten
Helmut Kohl.

Wie die territoriale Struktur eines zukünftigen Deutschlands aussehen würde, war für Weizsäcker nicht entscheidend. Er widersprach entschieden, wenn – etwa aus
dem sozialdemokratischen Lager – die deutsche Frage als
geschlossen bezeichnet wurde. Gerne benutzte er dann die
Formulierung: Die deutsche Frage ist so lange offen, wie
das Brandenburger Tor geschlossen ist. Der Kern, um den
es ging, war die Freiheit, nicht die staatliche Struktur. Wenn
das Ergebnis der Freiheit die Einheit werden sollte – umso
besser. Wenn aber der Preis der Einheit die Freiheit sein
sollte, dann lieber auf die Einheit verzichten. Das war übrigens auch stets die Überzeugung Konrad Adenauers gewesen. Er sprach so gut wie nie über Wiedervereinigung, vielmehr davon, dass die Grenzen in Europa ihren trennenden
Charakter verlieren sollten.

Bei einer Tagung des Bergedorfer Gesprächskreises am 17.
und 18. Dezember 1984 auf dem Campo Santo Teutonico
im Schatten des Petersdomes in Rom hat Weizsäcker das in

aller Offenheit formuliert: »Würde die Aussicht bestehen, dass sich die DDR in einen solchen Zustand hineinentwickeln könnte, der dem von Österreich ähnlich wäre, würde das doch die wesentliche Erfüllung der Hoffnungen bedeuten, um die es den Menschen drüben geht. Es geht ihnen, so möchte ich behaupten, primär nicht um die Einheit im staatlichen politischen Sinn. Wenn ihnen ein Weg angeboten würde, dass sie in Verhältnissen leben könnten, die den beiden anderen Staaten (Bundesrepublik Deutschland und Österreich) vergleichbar sind, wäre das für sie eine große Errungenschaft. Das bedeutet für uns, dass wir in unserem eigenen Sprachgebrauch und in unserer Strategie in erster Linie vor den Hoffnungen der Menschen drüben bestehen müssen und nicht nur vor den Texten, die wir uns selbst seit 35 Jahren gesetzt haben. Einheit zu buchstabieren, heißt eben auch, nicht immerfort von Wiedervereinigung zu sprechen ...«

Als Heiner Geißler als CDU-Generalsekretär 1989 einen Entwurf für ein neues CDU-Grundsatzprogramm vorlegte, in dem – genau aus dieser Erwägung heraus – der Wiedervereinigungsbegriff nicht auftauchte, musste er sich heftige Vorwürfe, auch von Helmut Kohl, gefallen lassen. Aber war es wirklich unpatriotisch, nicht dauernd über Wiedervereinigung zu sprechen? Oder wurde gerade dadurch der Weg zur Freiheit und dann Einheit bereitet?

In der DDR-Führung wurde das vielleicht besser verstanden als in Westdeutschland. Ewald Moldt, der Ständige Vertreter der DDR in der damaligen Bundeshauptstadt Bonn fragte den Bundespräsidenten in jenen Tagen: »Wollen Sie die Wiedervereinigung?« Weizsäcker antwortete: »Ich will nicht jeden Tag von neuem Bekenntnisse wiederholen. Worum es mir in erster Linie geht, ist die Selbstbestimmung.« Darauf Moldt: »Sehen Sie, Sie sind kein Revanchist, sondern, viel schlimmer, sie sind ein Revisionist.«

Nicht jeden Tag Grundsatzpositionen zu wiederholen und sie im Kampf gegen den angeblich weniger patriotisch denkenden politischen Gegner als Knüppel zu verwenden, sondern die Funktionsweise des real existierenden Sozialismus in der DDR und vor allem die Lage der Menschen kennenzulernen, das Zusammengehörigkeitsgefühl der Deutschen auf beiden Seiten von Mauer und Stacheldraht mit konkreten Schritten zu stärken und so den Freiheits- und Einheitsgedanken praktisch aufrechtzuerhalten – das war Weizsäckers Anliegen. Schon als Mitverfasser der »Ostdenkschrift« der Evangelischen Kirche (1965), als Kirchentagspräsident (1964–70), Bundestagsabgeordneter (1969–81) und Regierender Bürgermeister von Berlin (1981–84) hat er sich in diesem Sinne engagiert. Um die Lage der Menschen zu verbessern, war es seiner Meinung nach notwendig, mit den ungeliebten Machthabern im Osten zusammenzuarbeiten, Verträge zu schließen, die Grenzen in Deutschland und Europa anzuerkennen. Warum nicht mit der anderen Seite reden, wenn dadurch neue Besuchs- und Reisemöglichkeiten entstanden, deutsch-deutsche Kulturveranstaltungen möglich wurden oder ein Energieverbund zwischen beiden Teilen zustande kam? Der Preis des höheren Prestiges der kommunistischen Führer schien Weizsäcker hinnehmbar, schwerer fiel ihm, den Preis der Missverständnisse zu tragen, die diese Strategie bei den Oppositionellen im Osten hervorrief. Aber nur so und nicht durch verbale Dauerattacken gegen die kommunistischen Diktatoren ließen sich in seinen Augen die Dinge bewegen.

Unterstützung für Willy Brandts Ostpolitik

Weizsäcker trug deshalb – im Gegensatz zur Mehrheitsmeinung in der CDU/CSU – die ostpolitische Annäherung der Regierung Brandt/Scheel Anfang der siebziger Jahre mit. Er unterstützte Willy Brandt, der gesagt hatte: »Wir haben von den heutigen Tatsachen auszugehen, wenn wir die Tatsachen verändern wollen.« Das war fein formuliert. Die Formel des Brandt-Unterhändlers Egon Bahr vom »Wandel durch Annäherung« war da plakativer und verständlicher. Aus konservativen Kreisen wurde Bahr daraufhin vorgeworfen, unpatriotisch zu sein, gesamtdeutsche Grundsatzpositionen aufzugeben oder ein unbewusster oder gar bewusster Agent der »anderen Seite« zu sein. Weizsäcker sah das anders und machte daraus kein Hehl. Immer wenn er solcher Angriffe auf Bahr gewahr wurde, begann er zu schimpfen, er habe Bahr während der Verhandlungen mit der DDR über einen Grundlagenvertrag in regelmäßigen vertraulichen Informationsgesprächen im Bundestag kennen- und schätzen gelernt: »Wer ihn des mangelnden Willens zur Einheit und Freiheit der Deutschen zieh, tat es, ohne ihn in der Aktion miterlebt und sein Konzept verstanden zu haben. Deutschlands Selbstbestimmung war sein zentrales Thema. Bei den westlichen Verbündeten, nicht zuletzt bei Henry Kissinger, galt er oft als deutscher Nationalist von bedenklichem Ausmaß.«

Es ist heute schwer, sich die Leidenschaft und Schärfe der Grundsatzdebatten über die Deutschland- und Ostpolitik der sozialliberalen Koalition zwischen der Regierungserklärung Brandts 1969 und der Debatte über die Schlussakte der Konferenz für Sicherheit und Zusammenarbeit (KSZE) 1975 vorzustellen. Wahrscheinlich hat es vorher und hinterher nie wieder eine so tief gehende und ernsthafte Auseinandersetzung im Bundestag gegeben, wo über Schicksalsfragen der Nation so leidenschaftlich debattiert und schließlich so knapp entschieden wurde. Der 1969 zum ersten Mal in den Bundestag gewählte Abgeordnete von Weizsäcker war in diesen Debatten von Anfang an dabei, denn aufgrund seiner Bekanntheit als Kirchentagspräsident hatte die Fraktion ihn sofort zu ihrem deutschlandpolitischen Sprecher gemacht. Nicht wenige in der Union werden das bereut haben, als Weizsäcker im Mai 1972 gegenüber seiner Fraktion ankündigte, gemeinsam mit den Abgeordneten Winfried Pinger und Erik Blumenfeld für den Warschauer Vertrag, der die Oder-Neiße-Linie als polnische Westgrenze anerkannte, zu stimmen. Es gab regelrechte Tumulte unter den Abgeordneten, offene Feindseligkeit, wütende Ausbrüche. In einer entscheidenden Situation bei knappsten Mehrheiten im Bundestag hatte Weizsäcker Partei für die Position der sozialliberalen Regierung und gegen die der eigenen Opposition bezogen – in den Augen nicht weniger ein klarer Verrat.

Aber Weizsäcker hatte nur das getan, was jeder erwarten musste, der seine früheren Einlassungen kannte. Der erste Artikel, den er je in einer Zeitung veröffentlichte, erschien in der *Zeit* im Jahr 1962, also lange vor dem Beginn der Ostpolitik Brandts. Das Thema des damals in der Privatwirtschaft tätigen Weizsäckers: die Erstarrung der deutschen Außenpolitik, die notwendige Anerkennung der Oder-Neiße-Linie und die Kritik an der Hallstein-Doktrin, die vorsah, dass Bonn die diplomatischen Beziehungen zu jenen Ländern abbrach, welche die DDR anerkannten. Wie konnte man von ihm erwarten, dass er nun ein Jahrzehnt später als Abgeordneter das Gegenteil vertrat?

Auch als 1975 über die KSZE-Schlussakte von Helsinki und dann Anfang 1976 über die deutsch-polnische Rentenvereinbarung entschieden wurde, stellte sich der Abgeordnete Weizsäcker mit seinem zustimmenden Votum gegen die Mehrheit der eigenen Fraktionsmitglieder. Diese beiden Male allerdings mit ausdrücklicher Billigung des 1973 zum CDU-Chef gewählten Helmut Kohl...

Rede auf dem Kirchentag in der DDR

Anfang der achtziger Jahre rückte der Deutschland- und Ostpolitiker Richard von Weizsäcker erneut in den Blickpunkt. Seit 1981 war er Regierender Bürgermeister von Berlin und ein enger Mitstreiter von Helmut Kohl, der 1982 zum Bundeskanzler gewählt wurde. Mit Kohl hatte er in dessen Zeit als Oppositionsführer mehrere Auslandsreisen – unter anderem nach Washington und Moskau – unternommen und fühlte sich nun von dessen ostpolitischer Offenheit ermutigt. Kohl hatte sich früh auf den Standpunkt *pacta sunt servanda* gestellt und so den deutschland- und ostpolitischen Grundsatzstreit im Sinne der Kontinuität mit der Politik der sozialdemokratischen Vorgänger Brandt und Schmidt beendet. Damit hatte er zugleich die Unionsparteien aus ihrer Isolierung herausgeholt und sie wieder regierungsfähig gemacht.

Weizsäcker konnte nun agieren. Er bereiste von Berlin aus die DDR, lernte immer mehr über das politische System und den Alltag der Ostdeutschen. Ein Besuch im Oderbruch mit seiner Frau, eine Sonntagsmesse in der St.-Hedwigs-Kathedrale in Ost-Berlin, eine Fahrt durch Thüringen. Überall werden die Weizsäckers von den Menschen mit offenen Armen und überschäumender Herzlichkeit begrüßt. Aber der Regierende Bürgermeister wusste, dass solche Begegnungen nur möglich waren, wenn er nicht »überzog«, wenn seine Äußerungen »im Rahmen« blieben. Von vielen Seiten erntete er dafür Kritik. Er trete zu weich auf, arrangiere sich mit der Diktatur. Aber wäre es wirklich besser gewesen, nicht zu reisen und lediglich aus dem Schöneberger Rathaus heraus die DDR-Führung zu beschimpfen? Es ist wahr: Weizsäcker suchte den Dialog mit der Führung in der DDR, traf zum Beispiel im Mai 1983 in Eisenach mit dem Präsidenten der DDR-Volkskammer, Horst Sindermann, zusammen.

Weizsäcker spürte, dass sich in der DDR etwas tat. Noch Anfang der siebziger Jahre hatte die SED die DDR als sozialistische Nation deklariert und eine gemeinsame deutsche Nationalität geleugnet. Als sich diese Strategie der Abgrenzung als unwirksam erwies, versuchte die SED ab Mitte der siebziger Jahre die deutsche Geschichte und Kultur in ihrem Sinne zu interpretieren, um neue Legitimität für ihren Staat zu gewinnen. Die kommunistischen Führer, die sich bis dahin auf die Geschichtsschreibung ihres »Arbeiter- und Bauernstaates« beschränkt hatten, formulierten nun einen Anspruch auf die ganze deutsche Geschichte, deren Höhepunkt die DDR darstellte. Plötzlich erschienen Biografien über Luther, Bismarck, die preußischen Reformer, die Reiterstatue Friedrichs des Großen wurde wieder Unter den Linden aufgestellt. Im Westen reagierte man darauf zunächst mit Erschrecken. Weizsäcker dagegen warb dafür, die Herausforderung anzunehmen: Wenn die DDR sich der ganzen deutschen Geschichte öffne, unterstreiche sie doch die Zusammengehörigkeit der Nation, und der Versuch, einen geschichtlichen Alleinvertretungsanspruch durchzusetzen, werde scheitern. Die Biografien würden Diskussionen und Widerspruch herausfordern, die Menschen in der DDR sich eigene Fragen stellen – man solle sich getrost auf das Ringen um die richtige Interpretation der Geschichte einlassen.

Besonders gut eignete sich dafür das Lutherjahr 1983. Der Reformator, fünfhundert Jahre zuvor in Eisenach geboren, wurde auch in der DDR gefeiert. Natürlich versuchte die SED, Luther als Wegbereiter des Fortschritts im Sinne des historischen Materialismus zu interpretieren. Allerdings konnte man das Lutherjahr schlecht ohne die Evangelische Kirche der DDR, die einzige landesweite nicht kommunistische Organisation, begehen. Und die Kirche hatte eigene Vorstellungen, wie man des Reformators gedenken sollte. Sie knüpfte an die pazifistischen Überlieferungen der Bibel an, »Schwerter zu Pflugscharen« war ihre Losung.

Für Weizsäcker boten die Feiern des Lutherjahres neben der abstrakten geistigen Auseinandersetzung mit dem Reformator vielfache Möglichkeiten der direkten Begegnung mit Christen in der DDR. Ein Höhepunkt war ohne Zweifel sein Besuch beim evangelischen Kirchentag in Wittenberg am 24./25. September 1983 – offiziell in seiner Eigenschaft als Mitglied des Rates der Evangelischen Kirche in Deutschland (EKD). Durchgesetzt hatte ihn der ostdeutsche Konsistorialpräsident Manfred Stolpe. Weizsäcker war zugestanden worden, an allen Veranstaltungen im Rahmen des Kirchentages teilzunehmen. Darüber hinaus durfte er zweimal öffentlich sprechen: einmal in der Stadtkirche, dann sogar auf dem Marktplatz.

Ohne die Duldung der SED-Führung, die den Weizsäcker-Besuch als Tagesordnungspunkt einer Politbürositzung diskutiert hatte, wäre diese Rede vor 15 000 Menschen nicht möglich gewesen. Dass sie zustande kam, war eine Sensation. Wann hatte je ein westdeutscher Politiker vor einer so großen Zahl von Menschen in der DDR sprechen können? Weizsäcker war sich der Gratwanderung von Beginn an bewusst. Im Rathaus Schöneberg, seinem Amtssitz in West-Berlin diskutierten wir, ob die West-Berliner Presse zur Begleitung eingeladen oder ihr zumindest ein Hinweis auf Weizsäckers Auftritt in Wittenberg gegeben werden sollte.

Aber wir verwarfen diesen Gedanken schnell. Wichtiger als die mediale Wirkung im Westen waren ein nachhaltiger Effekt im Osten und die Möglichkeit, eine solche Aktion wiederholen zu können.

Uns war außerdem klar: Weizsäcker musste so reden, dass die SED auch beim nächsten Mal einer Reise und Rede zustimmte, aber auch so, dass die Menschen ihn verstanden und er wesentliche menschenrechtliche Grundüberzeugungen nicht verleugnete. Der Versuch gelang. Weizsäcker verteidigte die damals auch im Westen hoch umstrittene Nachrüstung durch amerikanische Cruise Missile und Pershing-II-Mittelstreckenraketen als notwendige Antwort auf die Stationierung sowjetischer SS-20-Raketen in der DDR. Aber er gab auch der Sehnsucht der Menschen nach Abrüstung und Überwindung des Kalten Krieges, der langfristig nicht tragfähigen Logik des Nuklearzeitalters, vehement Ausdruck. Dass es auch in der DDR in dieser Hinsicht rumorte, hatte eine mutige Aktion der Wittenberger Friedensbewegung am Abend zuvor gezeigt, von der Weizsäcker dann von den Initiatoren in Wittenberg informiert wurde und die ihn tief beeindruckte: Vor zahlreichen Zuschauern hatte ein Kunstschmied ein Schwert zu einer Pflugschar umgeschmiedet. Die Aktivisten um Pfarrer Friedrich Schorlemmer wollten damit ihrer Forderung nach Abrüstung in Mitteleuropa bildkräftig Ausdruck verleihen. Wohl wegen der anwesenden Gäste griff die Staatssicherheit nicht ein. Denn der Aufruf »Schwerter zu Pflugscharen« war verboten.

1992 kam Richard von Weizsäcker, inzwischen Bundespräsident, anlässlich des 100. Jahrestages des Neubaus der Stadtkirche erneut nach Wittenberg. Was hatte sich seitdem verändert! Friedrich Schorlemmer, der Weizsäcker während des Wittenberger Kirchentags kennengelernt hatte, als er noch Dissident gewesen war, begleitete Weizsäcker auf einem Gang durch die Stadt: »Da war er, ›unser Präsident‹, dem auf der Straße von vielen, vielen – ganz Alten wie ganz Jungen – Sympathie und spontane Herzlichkeit entgegengebracht wurde. Er war umringt von Freundlichkeit. In ihm fanden die Wittenberger einen Anwalt der Fairness, des Respekts für uns oft so zerrissene Ostdeutsche.«

Neben den Debatten auf dem Kirchentag 1983 aber waren es vor allem die unzähligen Gespräche mit DDR-Bürgern am Rande der Veranstaltung und das offensichtliche Zusammengehörigkeitsgefühl zwischen Ost und West, die diesen Besuch in Wittenberg zu einem Höhepunkt, vielleicht zu dem Höhepunkt der Amtszeit des Regierenden Bürgermeisters machten.

Dahinter fiel, jedenfalls hinsichtlich der Emotionen, das immerhin viereinhalb Stunden dauernde Gespräch Richard von Weizsäckers mit SED-Generalsekretär Erich Honecker einige Tage zuvor, am 15. September 1983 auf Schloss Niederschönhausen deutlich zurück. Wenig inspirierend, bürokratisch, fast langweilig sei es gewesen, erzählte Weizsäcker kurz nach der Rückkehr.

Zunächst hatte der Regierende Bürgermeister die Grüße von Helmut Kohl überbracht, den er zwei Tage zuvor anlässlich einer Sitzung der CDU/CSU-Fraktion im Berliner Reichstag unterrichtet hatte. Damit zeigte er Honecker, dass die Union hinter seinem Besuch in Niederschönhausen stand. Honecker und Weizsäcker würdigten in ihrem Gespräch dann den vor wenigen Wochen – von Franz Josef Strauß – eingefädelten Milliardenkredit Bonns an die DDR. Weizsäcker forderte den Abbau von Selbstschussanlagen an der innerdeutschen Grenze, Honecker sagte ein humaneres Grenzregime zu. Dann ging es um Berliner Themen: zum Beispiel um die S-Bahn oder die Spandauer Schleuse, ganz konkrete Anliegen im Sinne der Linie Weizsäckers, die Lage der Menschen schrittweise zu verbessern und so das Zusammengehörigkeitsgefühl der Deutschen aufrechtzuerhalten. Es war die erste Begegnung eines Regierenden Bürgermeisters mit dem ersten Mann der DDR.

Begegnungen mit Honecker und Gorbatschow

Vier Jahre später, am 7. September 1987, treffen sich die beiden Politiker wieder. Diesmal in der Villa Hammerschmidt in Bonn, dem Sitz des Bundespräsidenten Richard von Weizsäcker. Der Besuch Honeckers in Bonn ist der Höhepunkt der Anerkennung der DDR als Staat, aber der Gastgeber dokumentiert doch auch immer wieder die Zusammengehörigkeit der beiden Teile Deutschlands. Weizsäcker begrüßt Honecker als »Deutschen unter Deutschen«. Was die Zukunft bringen werde, sei offen, jedoch: »Die Menschen in beiden deutschen Staaten gehören derselben Nation an, einer Nation, die nicht erst mit Bismarck begonnen hat und nicht mit Hitler untergegangen ist. Auch soweit es unter uns unterschiedliche Auffassungen über die Bedeutung der Nation gibt, so soll uns das nicht daran hindern, im Interesse der Menschen gemeinsam zu arbeiten.«

Wie wenig man der deutsch-deutschen Vergangenheit entfliehen konnte, bewies folgende »zufällige« Begebenheit. Honecker entdeckte im Speisesaal der Villa Hammerschmidt ein Werk des Malers Canaletto, das den Dresdner Zwinger zeigt. Das gleiche oder jedenfalls ein sehr ähnliches Bild hänge auch in seiner Residenz. Welches Bild denn nun echt sei? Die Auflösung wurde von Kennern kurze Zeit später geliefert: Canaletto musste stets zwei Bilder von ein und demselben Motiv malen, eines für den sächsischen Kurfürsten Friedrich August II., das andere für dessen Minister,

Graf Heinrich von Brühl. So kam es, dass bei Weizsäcker und Honecker zweihundert Jahre später das (fast) gleiche Bild hing.

Bei einem gemeinsamen Spaziergang im Park der Villa Hammerschmidt unterhielten sich Honecker und Weizsäcker später über die Wiederherstellung alter Bauwerke in der DDR. Honecker geriet dabei, so berichtete der Präsident später, regelrecht ins Schwärmen, als er von der Restaurierung Berlins zur 750-Jahr-Feier sprach. Ephraim-Palais, Schlossbrückenfiguren, Gendarmenmarkt – all das sei wunderschön geworden. Der Bundespräsident solle doch als Privatperson heimlich nach Ost-Berlin kommen und sich von ihm, Honecker, das alles persönlich zeigen lassen! Schade sei eigentlich nur, dass man das Berliner Schloss nicht mehr aufbauen könne!

Während dieses Spaziergangs bekräftigt Weizsäcker seine These von der Offenheit der deutschen Geschichte. Niemand könne die Gestalt Europas im Jahr 2000 vorhersagen. Es komme vielmehr darauf an, den Grenzen ihren trennenden Charakter zu nehmen. Wie ein Echo hört es sich an, als Honecker drei Tage später in seiner saarländischen Heimat erklärt: »Wenn wir eine weitere friedliche Zusammenarbeit erreichen, dann wird auch der Tag kommen, an dem Grenzen nicht mehr trennen, sondern Grenzen uns vereinen.« Viele hatten damals befürchtet, dass Honeckers Besuch in der Bundesrepublik die Teilung Deutschlands zementieren würde. In Wahrheit war es umgekehrt: Ohne dass er es wollte, hatte Erich Honecker mit seinem Besuch und seinen Äußerungen die Einheit der Nation unterstrichen.

Schon drei Jahre zuvor hatte es einen Versuch von Bundeskanzler und Bundespräsident gegeben, Honecker zu einem Besuch in Bonn zu bewegen. Honecker selbst war einverstanden gewesen, ja ein Besuch lag im Interesse der

DDR, die schon damals die engen Beziehungen zur Bundesrepublik aus ökonomischen Gründen brauchte. Die erste Hälfte des Jahrzehnts war jedoch von einem Rückfall in den Kalten Krieg gekennzeichnet, vornehmlich wegen der Aufrüstung mit Mittelstreckenraketen. Es herrschte weithin »Eiszeit«. Als sich langsam Tauwetter einstellte, der amerikanische Präsident Ronald Reagan und der neue Mann im Kreml, Michail Gorbatschow, sich aufeinander zu bewegten, gab der deutsche Kanzler Ende Oktober 1986 dem amerikanischen Nachrichtenmagazin *Newsweek* ein unglückliches Interview, in dem er Gorbatschow mit Joseph Goebbels verglich: »Ich halte Gorbatschow nicht für einen Liberalen. Er ist ein moderner kommunistischer Führer, der sich in Öffentlichkeitsarbeit (PR) versteht. Goebbels war auch ein Experte in PR.« Auch wenn Helmut Kohl seine Erklärung wenig später bedauerte, zeigte Moskau den Bonnern fortan die kalte Schulter. Der stellvertretende Ministerpräsident Alexej Antonow sagte seinen für November geplanten Besuch am Rhein ab, umgekehrt musste der CDU-Bundestagsabgeordnete Volker Rühe eine schon bis ins Detail geplante Moskauvisite verschieben. Sollte der Fehler des Kanzlers dazu führen, dass die neue Ost-West-Entspannung an den Deutschen vorbeiging?

In seiner Weihnachtspost 1986 fand Weizsäcker zu seinem Erstaunen einen persönlichen Neujahrsgruß Gorbatschows vor. Wenig später, beim Neujahrsempfang des Diplomatischen Corps in der Godesberger Redoute, erfuhr der Präsident mehr: Der Brief sei eine bewusste Geste Gorbatschows, richtete der sowjetische Botschafter, Julij Kwisinski, aus. Tatsächlich hatte dieser mit Außenminister Genscher bereits Pläne für einen Staatsbesuch Weizsäckers in Moskau ausgeheckt, um die Beziehungen zwischen Moskau und Bonn aus der Talsohle zu führen. Auch Kohl war einverstanden.

Es galt, die Chance zu einem Neuanfang mit der UdSSR zu nutzen. Der Staatsbesuch fand schließlich einige Monate später, Anfang Juli 1987, statt.

In Weizsäckers Gesprächen in Moskau mit dem Vorsitzenden des Obersten Sowjet, Andrej Gromyko und Generalsekretär Gorbatschow ging es wiederholt um die deutsche Frage. Weizsäcker wusste, dass ein Schlüssel für jede Veränderung für die Menschen im geteilten Deutschland im Kreml lag. Die Einheit der Nation müsse sich in der Freiheit ihrer Menschen vollenden, sagte Weizsäcker und fügte in seiner bekannten Diktion hinzu, dass Bonn bestehende Grenzen nicht verletzen, sondern ihnen ihren trennenden Charakter nehmen wolle. Gorbatschow wollte wissen, was es bedeute, wenn er aus Deutschland trotz des Moskauer Vertrages immer wieder von der Offenheit der deutschen Frage höre. Es sei nun einmal Realität, dass die beiden deutschen Staaten unterschiedlichen Bündnissen angehörten. Weizsäcker verwies darauf, dass es auch eine Realität sei, dass sich die Deutschen in den zwei Staaten dennoch als eine Nation fühlten. Gorbatschow antwortete, dass man von der heutigen Situation ausgehen und sie anerkennen müsse; wie die Lage Europas in einhundert Jahren aussehe, dass müsse die Geschichte entscheiden. Diese Bemerkung, so befand Weizsäcker anschließend, sei die wichtigste des Gespräches gewesen: ein Bekenntnis zu der Möglichkeit des Wandels.

Zum Schluss richtete Gorbatschow dem Bundeskanzler »herzliche Grüße« aus. Damit gehörte das *Newsweek*-Interview Kohls der Vergangenheit an, Weizsäcker hatte den unausgesprochenen Auftrag der Bundesregierung ausgeführt, eine Brücke zwischen Kanzler und Generalsekretär zu bauen. Wie sehr sollte sie in der Zukunft tragen!

Die Mauer fällt

Nur zwei Jahre nach dieser Begegnung fiel die Mauer. Weizsäcker flog von Bonn in die nicht mehr geteilte Stadt. Am Potsdamer Platz, damals eine riesige Brache an der Mauer, geht er direkt auf eine Baracke der DDR-Grenzpolizei zu. Der Kommandoführer sieht Weizsäcker im Fernglas kommen. Wie soll er sich verhalten? Er zögert, trifft dann aber seine Entscheidung. Er geht auf Weizsäcker zu, salutiert und sagt: »Herr Bundespräsident, ich melde: keine besonderen Vorkommnisse.« Man begrüßte sich, als wenn man nie etwas anderes gemacht hätte, obwohl das unwahrscheinlichste unter allen denkbaren Vorkommnissen, das diese Begebenheit erst ermöglichte, nur wenige Stunden zurücklag. Und: Wie selbstverständlich hatte der Oberstleutnant der Volkspolizei Weizsäcker als Bundespräsidenten empfangen. Seinen Bundespräsidenten?

Die nun folgende Zeit war die Stunde des Bundeskanzlers, der den berühmten Mantel der Geschichte packte, festhielt und schließlich ganz in ihn hineinschlüpfte. Kohl machte sich beherzt – zusammen mit seinem Außenminister Genscher, mit den Ministern Schäuble, Seiters und anderen – an die Gestaltung der Geschichte. Weizsäcker wirkte dagegen in den Monaten nach der Einheit fast etwas verloren. Er, der mehr von der DDR und ihren Bürgern verstand als jeder andere Politiker im Westen, der in den Jahren zuvor mitgelitten und das Zusammengehörigkeitsgefühl so nachdrücklich bekräftigt hatte – als andere nur Lippenbekenntnisse zur Wiedervereinigung wiederholten. Kohl ging seinen Weg. Als Kanzler konnte er handeln, und das tat er wie nie zuvor. Er ließ sich von niemandem dabei beirren, seinem politischen Instinkt und seinen Erfahrungen vertrauend. Weizsäcker schien an den Rand gedrängt. Sensible Befindlichkeitsanalysen über die Menschen in der DDR waren nicht gefragt in dieser Zeit, schon gar nicht Nachdenklichkeit oder Innehalten. Das galt als ängstliches Zaudern. Weizsäcker schien in dieser Situation, in der er als Staatsoberhaupt nur mahnen und warnen konnte, zum ersten Mal in seiner Amtszeit verunsichert. Seine Reden, genauso scharfsinnig wie früher, verhallten ungehört, der Strom der Zeit floss an der Villa Hammerschmidt vorbei.

Hinzu kam, dass ein anderer Politiker in jenen Tagen zeitweise in die Rolle eines heimlichen Präsidenten hineinwuchs: Willy Brandt. Er identifizierte sich ganz und gar mit der Politik der Regierung und fand im Einheitsjahr erstmals in seiner Karriere auf allen Seiten große Zustimmung.

Weizsäcker nahm diese Gesamtsituation zur Kenntnis. Sie störte ihn, in gewisser Weise litt er unter ihr. Aber er blieb dabei, nicht ins gleiche Horn zu stoßen. Einig war er sich mit der Regierung Kohl-Genscher hinsichtlich der außenpolitischen Absicherung der Einheit. Wenn man von Einzelfragen wie der nicht erfolgten Unterrichtung des französischen Präsidenten Mitterrand vor dem Zehn-Punkte-Plan in November 1989 oder dem innenpolitisch motivierten Slalom Kohls wegen der Oder-Neiße-Linie bei seinem Besuch bei George Bush senior in Camp David einige Monate später absieht, so befürwortete und unterstützte der Bundespräsident den Versuch des Kanzlers, das Einvernehmen aller Nachbarn für den Einheitskurs zu gewinnen. Er stänkerte ein wenig im Hintergrund gegen den einen oder anderen »handwerklichen Fehler«, aber auch er sah das berühmte geöffnete Fenster der Geschichte, das vielleicht schon bald wieder geschlossen werden könnte. Weizsäcker warb deshalb in seinen Interviews und bei seinen Reisen aus voller Überzeugung für das von Bonn eingeschlagene Tempo und das Konzept der Zwei-plus-Vier-Gespräche.

Ausdrücklich bejahte er auch die Politik Kohls, die deutsche und die europäische Einheit als zwei Seiten einer Medaille anzusehen. Er forderte – ganz im Sinne Kohls – eine Synchronisierung des Tempos zwischen deutscher und europäischer Einheit und warnte davor, »dass man nicht die deutsche Dynamik der europäischen Dynamik und der Zwei-plus-Vier-Dynamik davonlaufen lässt«. Kohls eigentliche geschichtliche Leistung ist in diesem Sinne gar nicht die deutsche Einheit an sich; die wäre früher oder später so oder so gekommen. Die bleibende historische Leistung Kohls ist die Einbindung der deutschen Einheit in den europäischen Einigungsprozess, die Erlangung der Zustimmung aller Nachbarn, der USA und der Sowjetunion. Weizsäcker spürte das, und insgeheim bewunderte, ja beneidete er Kohl um diese Gestaltungschance und dafür, dass und wie er sie nutzte.

Zusammenwachsen, nicht zusammenwuchern

Ganz anders verhielt es sich mit der Innen- und Wirtschaftspolitik der Regierung Kohl gegenüber der DDR. Hier glaubte Weizsäcker von Beginn an schwere Versäumnisse zu entdecken. In seiner eingangs zitierten Rede in der Berliner Gedächtniskirche am 12. November 1989 hatte er seine Sicht der Dinge bereits dargelegt und davor gewarnt, den Osten Deutschlands im Eiltempo wirtschaftlich einzugliedern. Als sich genau das abzeichnete, entschloss sich der Präsident seine lang gehegten Bedenken öffentlich zu machen.

Am 13. Dezember 1989 gab er im DDR-Fernsehen ein Interview. Er würdigte zunächst die demokratische Revolution in der DDR. Die Deutschen dort hätten ihre Freiheit selbst erkämpft und hätten deshalb Anrecht auf Respekt. Die Menschen im Westen sollten mitdenken, aber nicht bevormunden. Es gehe um Selbstbestimmung, nicht Fremdbestimmung von außen. Dann ging Weizsäcker auf ein viel zitiertes Wort Willy Brandts ein: »Nun wächst zusammen, was zusammengehört.« Das sei richtig, aber es müsse eben zusammenwachsen, nicht zusammenwuchern. Man brauche Zeit. Wenn es zusammenwachsen solle, dann doch aus der jetzigen Lage heraus, also mit zwei Staaten einer Nation. Und nur wenn sich beide Staaten auf einem gesunden Weg befänden, nur dann könnten sie in gesunder Weise zusammenwachsen. Also müsse man sehen, was die beiden Staaten miteinander zustande brächten. Dann mahnte er zur Besonnenheit und Geduld …

Klang hier nicht wieder die Idee an, dass die beiden deutschen Staaten zumindest noch für eine Weile ihre staatliche Unabhängigkeit behalten und dann behutsam aufeinander zu wachsen sollten? Jedenfalls wollte Weizsäcker ganz sicher nicht, dass sozusagen vom Westen aus dekretiert werden sollte, dass es nur eine Richtung, nämlich die der staatlichen Einheit geben konnte. Das mochte am Ende des Prozesses stehen, ja es war auch in den Augen Weizsäckers das wünschenswerte Ergebnis. Aber er hatte einen sich langsam entfaltenden Prozess vor Augen, in dem jeder Teil seine Würde behielt.

Lag der Bundespräsident damit nicht völlig daneben? Hatte nicht das kommunistische Regime in Pankow abgewirtschaftet, war das Land nicht reif zur sofortigen Übernahme? Vielen schien es geradezu unpolitisch, erst die DDR langsam gesunden zu lassen und darauf zu vertrauen, dass sich danach ein vereintes Deutschland entwickeln würde. Aber dieser Gedanke war zumindest in den Eliten Ostdeutschlands populär.

Eine Begebenheit muss hier zum ersten Mal erzählt werden, da sie unmittelbar in diesen Zusammenhang gehört.

1988 hatte ich bei einem der berühmten Ost-West-Treffen
des Berliner Aspen-Instituts einen friedensbewegten jungen
Mann kennengelernt, Thilo Steinbach. Nach der Wende entdeckte ihn Lothar de Maizière und machte ihn zu seinem
außenpolitischen Berater, der für den ersten frei gewählten
Ministerpräsidenten der DDR die wichtigen Zwei-plus-Vier-
Gespräche vorbereitete und de Maizière auf allen Reisen,
bei allen Verhandlungen beriet und begleitete. Was Horst
Teltschik für Kohl war, wurde Steinbach für de Maizière. Wir
hatten Kontakt gehalten und uns Anfang 1990 einige Male
in Bonn und Berlin getroffen und ausgetauscht. In einem der
Gespräche entwickelten wir den Ansatz der deutsch-deutschen Konföderation, den Kohl in seinem Zehn-Punkte-Plan
vertreten hatte, ein wenig weiter: Die Konföderation sollte
einen gemeinsamen, gesamtdeutschen Präsidenten haben,
Richard von Weizsäcker. Dazu müsse, so unser Plan, Weizsäcker einfach – neben seinem Amt als Bundespräsident – auch
Vorsitzender des Staatsrates der DDR werden. Das wäre ein
deutliches Zeichen des Einheitswillens und würde der DDR
doch Zeit geben, sich langsam und mit eigenen Vorstellungen in den Einigungsprozess einzubringen. In Ost und West
würde man den Schritt gleichermaßen begrüßen. Steinbach
gelang es, bei seinem Chef ein grundsätzliches Interesse für
den Gedanken zu entwickeln, und ich, seit einigen Monaten
in der Privatwirtschaft tätig, sprach Weizsäcker an, der ebenfalls bereit war, über diesen Vorschlag nachzudenken. Meine
damalige Frau, Margarita Mathiopoulos, und ich luden am
4. Mai 1990 mehrere Persönlichkeiten zu einem kleinen
Empfang bei uns in Königswinter-Ittenbach ein, darunter
Weizsäcker und Steinbach. Diese begaben sich irgendwann
in den Garten und diskutierten die Idee. Weizsäcker fand
den Vorschlag immerhin so reizvoll, dass er ihn wenige Tage
später mit de Maizière persönlich vertiefte. Der hielt die

Sache gleichfalls für spannend, doch sahen beide auch die staatsrechtlichen Probleme. Vor allem brauchte man für diesen Weg die Zustimmung der Bundesregierung. Es erschien mehr als fraglich, ob der Kanzler mitmachen würde. Kohl war damals längst entschlossen, alle Konföderationsgedanken zu begraben und die staatliche Einheit vor der nächsten Bundestagswahl zu vollziehen: Der nächste deutsche Bundestag sollte ein gesamtdeutscher sein!

Wahrscheinlich ist der Weg, den Helmut Kohl einschlug, angesichts der Befindlichkeiten der Mehrheit der Menschen letztlich notwendig und damit richtig gewesen. Die Zeit, die Weizsäcker einforderte, gab es eben nicht. Wie viel Geduld sollten auch die Menschen nach vierzig Jahren Teilung, Schießbefehl, Reiseverbot und Konsumverzicht noch aufbringen?

Aber das Tempo der Verwirklichung der Währungsunion und später der staatlichen Einheit hatte seinen Preis – wie wir alle heute wissen. Die Zeit lässt sich nicht überlisten, warnt Weizsäcker. Bis heute ist der Eindruck bei vielen Ostdeutschen vorherrschend, dass die Einheit über sie gekommen ist, dass sie verordnet wurde, dass sie »übernommen« wurden und dem Grundgesetz »beitreten« mussten. Den Bürgern in der DDR wurde ein enormer Wandel im täglichen Leben zugemutet. Sie mussten sich auf einmal um alles selbst kümmern, was ihnen zuvor der Staat durch Zuweisungen (von Arbeits-, Studienplätzen und Schulen, Kinderbetreuung, Wohnungen, Feriensiedlungen, Sozialversicherungen und so weiter) abgenommen hatte. Gleichzeitig erlebten viele die Arroganz und Selbstgerechtigkeit der »Westler«, die nicht selten meinten, alles besser zu können, alles richtig zu machen, und die oft auch die Unerfahrenheit der Menschen in der DDR zum eigenen Vorteil ausnutzten. Die Warnung Weizsäckers am 12. November 1989 in der

Gedächtniskirche, »nicht mit unserer Tür drüben ins Haus zu fallen«, war ungehört verhallt.

Hinzu kam die Tatsache, dass alle Institutionen, Parteien, Organisationen, Verbände, Vereine oder Gewerkschaften nach dem feierlichen Zusammenschluss und hehren Worten über das Zusammenwachsen fast ausschließlich von Westdeutschen geführt wurden. In den neu gebildeten Vorständen saß allerdings immer ein »Quotenossi«, am besten eine Frau, denn so konnte die Organisation gleich zwei Quoten bedienen. War dies nicht die Geschichte von Angela Merkel? Als sie auf dem ersten Parteitag der CDU in Dresden zur stellvertretenden Parteivorsitzenden gewählt wurde, nahm sie keiner ernst, wohl auch nicht ihr Förderer, Helmut Kohl. Wie sehr man sich doch täuschen kann ...

Weizsäcker beklagte all das. Immer wieder sprach er Ungerechtigkeiten, die oft nicht bösem Willen, sondern westlicher Unkenntnis entsprangen, offen an. Was ihn zum Beispiel umtrieb, waren die sogenannten »Abwicklungen« an den Hochschulen und Universitäten der DDR. Das Ziel war, die SED-Kader aus den Schlüsselpositionen fernzuhalten. Ein Marxist-Leninist konnte eben nur sehr schwer von einem Tag auf den anderen über Marktwirtschaft oder pluralistische Demokratie lesen. Aber es blieben viele intelligente, hochgebildete Akademiker auf der Strecke – nicht selten übrigens kritische und mutige Menschen, die zwar SED-Mitglied gewesen waren, aber die eigene Partei kritisiert und dadurch zu DDR-Zeiten viel riskiert hatten. Sie alle wurden nun aussortiert, häufig durch ehrgeizige, oft weniger kluge Köpfe ersetzt, die im Westen nicht zum Zuge gekommen waren. Weizsäcker kannte solche Fälle und litt in solchen Situationen unter der eigenen Machtlosigkeit.

Auch die Willkür, die bei diesem Elitenaustausch offenkundig wurde, störte ihn zutiefst. Warum wurden die Mitarbeiter des diplomatischen Dienstes der DDR allesamt nicht übernommen – bis hin zu unteren Chargen, gleichzeitig aber, bis auf die höheren Dienstgrade, in der Regel die Soldaten und Mitarbeiter der NVA?

Vor allem aber beklagte der Präsident die mangelnde Legitimation der Einheit. Natürlich, das Grundgesetz der Bundesrepublik hatte sich bewährt, die Mehrheit in der DDR-Volkskammer beschloss den Beitritt nach Artikel 23 des Grundgesetzes und nicht nach dem Verfassungsartikel 146, der eine Ablösung des Grundgesetzes durch eine plebiszitär beschlossene Verfassung vorsah. Aber hätte es nicht wenigstens einer Volksabstimmung bedurft, um diese gewaltige Weichenstellung der deutschen Einheit zu legitimieren? Das ist bis heute Weizsäckers Überzeugung. In seinem 2001 erschienen Buch *Dreimal Stunde Null?* bringt er seine Meinung auf den Punkt: »Nicht um etwas zu ändern oder gar abzulehnen, sondern um doch wenigstens einmal selbst und persönlich zu diesem Kern der Einheit gefragt zu werden, das hätte Entscheidendes bedeutet. Aus unbegründeten Bonner Sorgen und spröden Machtinteressen ist es unterblieben. Das war ein böses, bis heute im Osten nachwirkendes Versäumnis.«

Die Teilung durch Teilen überwinden

Eine andere Unterlassung quälte den Präsidenten nicht minder: dass der für die Einheit notwendige Gemeinsinn nicht angesprochen wurde. In seiner eingangs zitierten Rede in der Gedächtniskirche wenige Tage nach der Maueröffnung hatte Weizsäcker bereits davon geredet, dass Teilung überwinden auch Teilen bedeute. Demgegenüber aber hatten die politisch Verantwortlichen in Bonn, allen voran der Bundeskanzler, den Eindruck vermittelt, als brauche es keine zusätzlichen Lasten, keine neuen Steuern. Die Einheit könne man quasi aus der Portokasse bezahlen, der Aufbauprozess sich aus sich selbst tragen. Weizsäcker versteht natürlich die machtpolitische Logik hinter diesen Erklärungen: Es ist Wahljahr, wer will da schon von Lasten und Steuern sprechen? Aber er sieht es auch als seine Pflicht an, eher einer längerfristigen Perspektive als dem Blick auf den nächsten Wahltermin zur Geltung zu verhelfen. Und so mischt er sich kräftig in die Tagespolitik ein. Am 20. Mai 1990 spricht er in einer Sondersendung des ZDF mit Klaus Bresser Klartext: »Die Herstellung der politischen Einheit ist schneller über die Bühne gegangen, als wir es alle vorhergesehen hatten. Das war eine wohl gelungene politische Handlungsweise insbesondere auch im außenpolitischen Umfeld. Ein Versäumnis war es, damit nicht gleich die Aufforderung zu einem wahren Lastenausgleich zu verbinden. Das Bewusstsein war nicht auf der Höhe der Aufgaben, weil man sich zunächst der Vorstellung hingab, materiell würde es an den Anforderungen an uns im Westen nur Unwesentliches ändern. Die Aufgabe der Vereinigung ist keine geringere als die Aufbauleistung, die wir in der alten Bundesrepublik nach Ende des Weltkrieges zu leisten hatten.«

Mit diesen Worten markierte der Bundespräsident eine konkrete Alternative zum Kurs des Kanzlers, der entsprechend verstimmt war. Was hatte Weizsäcker in der Tagespolitik verloren? Das war nicht sein Job. Kohl äußerte sich nicht selbst, aber er ließ seine Leute los, über Weizsäcker herzufallen. Nein, der Kanzler hatte kein Interesse, über Lasten zu sprechen und sich damit die Stimmung verrieseln zu lassen. Weizsäcker indes lässt sich nicht beirren. Am Tag der Deutschen Einheit, dem 3. Oktober 1990, wird er noch deutlicher: »Oft hört man heute, niemandem solle etwas genommen werden, es komme nur auf die Verteilung der Zuwächse an ... Kein Weg führt an der Erkenntnis vorbei: sich zu vereinen heißt teilen lernen. Mit hochrentierlichen Anleihen allein wird sich die deutsche Einheit nicht finanzieren lassen.« Das anschließende Gemurmel im Saal, die offenkundige Verärgerung im Regierungslager zeigte, dass Weizsäcker hier seine Möglichkeiten bis an die Grenze des für manche Erträglichen, wahrscheinlich darüber hinaus, strapaziert hatte. Es herrschte schließlich Wahlkampf. Musste sich Weizsäcker so einmischen?

Er glaubte, es zu müssen. Aber es blieb ein Kampf gegen Windmühlen. Der Präsident konnte reden, die Macht indes lag anderswo. Aber wäre man damals dem Weizsäcker-Weg gefolgt, vielleicht hätten wir heute weniger Einheitsmissmut in Ost und West. Heute beklagen viele im Westen die über eineinhalb Billionen Euro Transferleistungen, die von West nach Ost flossen, und kritisieren die »Undankbarkeit der Ossis«, die im Gegenzug die Linke in Schlüsselpositionen des Staates wählen. De facto wurde in den zwanzig Jahren nach dem Fall der Mauer ja geteilt – und wie! Aber man hatte es dem Bürger nicht angekündigt, im Gegenteil, man hatte ihm den Eindruck vermittelt, dass man die Einheit so nebenbei finanzieren könne. Stattdessen griff man in die Rentenkasse, plötzlich wurde zudem ein »Soli« eingeführt. Weizsäcker wollte mit seiner Intervention sicher nicht mehr Lastenausgleich, als er nachher in der Wirklichkeit geschah. Aber er wollte einen unmittelbaren Zusammenhang herstellen zwischen menschlicher Solidarität und materieller Leistung. Er wollte die in der damaligen Freude über den Fall der Mauer vorhandene Teilungsbereitschaft abrufen, persönlich, direkt und nicht staatlich anonym. Dass das nicht geschah, bezeichnete Weizsäcker in seinen

Erinnerungen als »schweres materielles und menschliches Versäumnis«.

Fast noch schwerwiegender wirkte eine andere Fehlentwicklung. Die frühe Währungsunion und der ökonomisch schwer zu rechtfertigende Umtauschkurs waren aus Sicht des Präsidenten an sich schon problematisch. Weizsäcker empfand viel Sympathie für die Kritiker der Währungsunion wie den früheren Bundesbankpräsidenten Karl-Otto Pöhl. Aber angesichts des Stroms der Übersiedler von Ost nach West konnte er die Beweggründe Kohls und seines Finanzministers Theo Waigel nachvollziehen. Wahrscheinlich gab es zur frühen Währungsunion wirklich keine Alternative. Doch die dann folgende Anpassung der Löhne im Osten an diejenigen im Westen hielt Weizsäcker für »menschlich allzu verständlich, aber ökonomisch verheerend«. Die Markt- und Wettbewerbsverhältnisse ließen eine solche Angleichung nicht ratsam erscheinen, die Anhebung der Löhne in Ostdeutschland erwies sich nur als Pyrrhussieg für die Arbeitnehmer im Osten und ihre zumeist aus dem Westen stammenden Vertreter. Die ostdeutsche Wirtschaft verspielte so ihren einzigen Wettbewerbsvorteil, das niedrige Lohnniveau. Hätte man hier, nicht zuletzt auch von Gewerkschaftsseite, mehr Vernunft walten lassen, so wären die neuen Bundesländer ein Magnet für Investitionen geworden. So aber blieben die Unternehmen mit ihren Produktionskapazitäten entweder dort, wo sie waren, oder aber sie verlagerten die Produktion gleich nach Tschechien oder Polen, um Lohnkostenvorteile zu nutzen. So ist die hohe Arbeitslosigkeit in den neuen Bundesländern nicht zuletzt Folge gut gemeinter, aber völlig falscher Weichenstellungen.

Weizsäcker mag sich heute in vielen seiner frühzeitig geäußerten Bedenken bestätigt sehen. Es spricht einiges dafür, dass dies im Laufe der Jahre noch deutlicher werden wird. Tatsache ist aber, dass er sich in einer so entscheidenden Phase in der Deutschlandpolitik, die sein Lebensthema war, nicht durchsetzen konnte, sondern zuschauen musste, wie ein anderer Geschichte machte.

Hauptstadt Berlin

Wesentlich mehr Erfolg beschieden war dem Präsidenten dagegen in der Frage der zukünftigen deutschen Hauptstadt. Bundesregierung und Bundestag schoben das Thema vor sich her. Man fühlte sich wohl in Bonn, scheute die Kosten des Umzugs nach Berlin und fürchtete sich vor einer polarisierenden Debatte mit ungewissem Ausgang. Da bot sich Weizsäcker die Gelegenheit zur politischen Führung. Anlässlich der Verleihung der Ehrenbürgerwürde der Stadt Berlin forderte er am 29. Juni 1990 in der Berliner Nikolaikirche ein eindeutiges und rasches Votum von Regierung und Parlament zugunsten Berlins. Nicht an Kostenfragen und landsmannschaftlichen Präferenzen, sondern an Geschichte und Selbstverständnis der Deutschen habe sich die Entscheidung zu orientieren. Bonn habe sich als Hauptstadt der alten Bundesrepublik bewährt, der Sitz von Regierung und Parlament im vereinten Deutschland sei jedoch Berlin. Nur in der bis vor Kurzem geteilten Stadt könne die Teilung wirklich überwunden werden: »In Berlin haben wir, wie nirgends sonst, erfahren, was Teilung bedeutet. In Berlin erkennen wir, wie nirgends sonst, was die Vereinigung von uns erfordert. Hier ist der Platz für die politisch verantwortliche Führung Deutschlands.« Schaden für die Verankerung Deutschlands in der Europäischen Gemeinschaft oder in der nordatlantischen Allianz verneinte Weizsäcker, ebenso eine Aufweichung föderaler Strukturen durch die neue Zentrale.

Es dauerte noch ein ganzes Jahr, bis zum 20. Juni 1991,
bis der Deutsche Bundestag nach leidenschaftlicher Debatte
mit denkbar knapper Mehrheit dem Willen des Präsidenten folgte. Es ist durchaus wahrscheinlich, dass er durch
seine Rede den entscheidenden Zugzwang auslöste, dass das
Parlament die Frage der Hauptstadt danach auf die Tages-
ordnung setzte. Ohne die Reden Richard von Weizsäckers
und (später im Bundestag) Wolfgang Schäubles wäre die
Hauptstadt- und Regierungssitzfrage wahrscheinlich anders
entschieden worden. Ich war damals anderer Meinung als
Weizsäcker und habe mich in jenen Tagen oft und kontrovers mit ihm ausgetauscht. Er hat meine Gründe respek-
tiert und mir sogar zu meiner (Jungfern-)Rede im Deutschen
Bundestag zu diesem Thema gratuliert. Aber er war immer
der Meinung, dass ich (und mit mir die Mehrheit in meiner
Fraktion) im Ergebnis falsch lag. Seit Langem weiß ich, dass
er recht hatte.

Stolpe, Vogel und die Bürgerrechtler

Nicht wirklich überzeugend verlief nach Weizsäckers fester
Überzeugung demgegenüber die Debatte um die Aufarbeitung des DDR-Unrechts. Bei der Entgegennahme des Hein-
rich-Heine-Preises am 13. Dezember 1991 in Düsseldorf
hielt der Bundespräsident zu diesem Thema eine Grundsatzrede. Die innere Einheit könne nur dann gelingen, »wenn
wir uns auch im Verständnis der Vergangenheit vereinigen«.
Weizsäcker warnte vor der Tendenz zu selbstgerechter (Vor-)
Verurteilung von Menschen, die in die Aktivitäten der Stasi
verstrickt gewesen waren, gleichzeitig aber auch vor Ver-
drängung. Bei der Verwendung von Akten gegen einzelne
Menschen müsse man auf der Hut sein. Es dürfe nicht

dazu kommen, dass jemand durch einen Verwaltungsakt aufgrund von Stasi-Akten schlechter gestellt würde, als er es vor dem Strafrichter wäre. Im Rechtsstaat müsse immer Schuld bewiesen werden, nicht Unschuld. Andererseits aber könne die Abwendung von der eigenen Vergangenheit nicht weiterhelfen: »Versöhnung unter Menschen kann ohne Wahrheit nicht gelingen. Wahrheit ohne Aussicht auf Versöhnung aber ist unmenschlich. Die Kraft zur Einsicht in eigene Schwäche, Versagen und Schuld kann Wunder bewirken. Sie bedeutet nicht den Ausschluss, sondern sie bietet den tiefsten Ansatz für eine Chance zu einem neuen Anfang. Er ist lebenswichtig für die Zukunft.«

Nach seiner Meinung war zu viel Selbstgerechtigkeit im Spiel, zu viel Unkenntnis über die Wirkungszusammenhänge in Zeiten der Diktatur, über Grauzonen von Schuld und Verstrickung. So konnte er sich sehr erregen über »eindeutige Fehlurteile« gegenüber der Rolle der evangelischen Kirche von »Leuten, die das im Einzelnen gar nicht erlebt haben«. Er räumte ein, dass es in »seiner Kirche« auch leitende Personen gegeben habe, die in den notwendigen Staatskontakten »höchst unterschiedlich waren in Klugheit und Mut«. Auch habe es ohne Zweifel Beispiele von Kirchenleuten in der DDR gegeben, die sich selbst für Bespitzelungsaufgaben zur Verfügung gestellt hätten. »Menschen sind wie sie sind«, sagte er dann. Im Ganzen gesehen aber hätten die Kirchen ihre Unabhängigkeit gegenüber dem SED-Staat gewahrt. Den Vorwurf, die Kirchen hätten mit ihrer Arbeit die DDR stabilisiert, hält er für falsch. Die Kampagne »Schwerter zu Pflugscharen« beispielsweise, der Einsatz für Militärdienstverweigerer, die Freiräume zur Diskussion in den Kirchen überall im Land – das alles habe im Gegenteil das Ende des SED-Regimes beschleunigt. Und dass sich Kirchenleute in der DDR bei ihrer Suche nach Freiräumen auf den jungen

Karl Marx beriefen, hatte das wirklich damit zu tun, dass hier linientreue Sozialisten predigten? Oder konfrontierten sie auf geschickte Weise den real existierenden Sozialismus mit seinem humanistischen Anspruch?

Natürlich versuchte die DDR-Führung der Unzufriedenheit in der Bevölkerung dadurch zu begegnen, dass sie den Kirchen bestimmte Freiräume zuwies. So schaffte sie eine Möglichkeit, Frustrationen abzuarbeiten. Aber die Kirchen hätten ihrem Auftrag nicht besser entsprochen, wenn sie solche Freiräume nicht genutzt hätten.

Besonders ungerecht empfand Weizsäcker die massive Kritik an Konsistorialpräsident Manfred Stolpe. Er hatte direkten Zugang zur Führung der SED, was allerdings – so Weizsäcker – seinem kirchlichen Auftrag, nicht seiner Neigung entsprach. Wenn der Bundespräsident Stolpe in der Villa Hammerschmidt empfing, war er sich im Klaren darüber, dass Honecker kurze Zeit später einen Bericht auf dem Schreibtisch hatte. So könne er wenigstens mit Honecker kommunizieren, pflegte er zu sagen. Aber war das verwerflich? Weizsäcker hat das Mandat Stolpes, die Mittlerrolle zwischen Staat und Kirche, als eine der schwierigsten und empfindlichsten Aufgaben bezeichnet. Stolpe habe an dieser Verantwortung schwer zu tragen gehabt: »Dass er sich heute gefallen lassen soll, von West-Berliner Politikern als ein Mann beschimpft zu werden, der in den Diensten der Staatssicherheit gestanden habe, ist ein Unrecht. Stolpe war nicht im Dienste der Stasi tätig, sondern im Dienste der Kirche.«

Genauso wie über die Kritik an Stolpe erregte sich Weizsäcker über Vorwürfe an die Adresse von Wolfgang Vogel, dem Rechtsanwalt und Honecker-Vertrauten, der von 1962 an Tausenden von Menschen zur Ausreise aus der DDR verhalf. Vogel hatte beim Freikauf politischer Gefange-

43

ner, bei der Familienzusammenführung und in zahlreichen anderen Fällen eine zentrale und konstruktive Mittlerrolle gespielt. Er, der vor der Wende die Anlaufstelle für fast alle deutschen Spitzenpolitiker war, wenn es galt, »Einzelfälle« human zu lösen, wurde plötzlich als »Menschenhändler« hingestellt und vor den Kadi gezerrt. Waren dann nicht auch diejenigen, die mit ihm »Geschäfte« gemacht hatten, Menschenhändler?

Weizsäcker unterhielt zu Vogel seit seiner Zeit als Regierender Bürgermeister ständig engen Kontakt. In vielen Einzelfällen, von denen nicht wenige auch über meinen Schreibtisch gingen, konnte Vogel helfen – und machte unzählige Menschen glücklich damit. Die Loyalität zur SED-Führung und insbesondere zu Honecker war die Voraussetzung dafür, dass er erfolgreich wirken konnte. Zu Recht war Weizsäcker erbost darüber, dass man ihm diese Loyalität nach der Wende vorwarf.

Ein Beispiel mag zeigen, wie man miteinander verhandelte im geteilten Deutschland. Anfang 1988 hatte es im Umfeld der jährlichen offiziellen Kundgebung zum Gedenken an Rosa Luxemburg und Karl Liebknecht in Ost-Berlin Verhaftungen gegeben. Demonstranten hatten gewagt, die sozialistische Politikerin zu zitieren: »Freiheit ist immer die Freiheit des Andersdenkenden.« Eine unerhörte Provokation. Wenige Tage später, am 10. Februar 1988 fand auf Einladung Weizsäckers ein Leseabend mit Siegfried Lenz in der Villa Hammerschmidt statt. Helmut Schmidt, Wolfgang Schäuble, Heiner Geißler, der für deutsch-deutsche Fragen zuständige Staatssekretär Ludwig Rehlinger waren gekommen, aber eben auch Wolfgang Vogel. Nach der Lesung saß man im Kaminzimmer zusammen und diskutierte über die Vorgänge in Ost-Berlin. »So geht das also hier bei euch«, frotzelte Siegfried Lenz.

Weizsäcker ist vor dem Hintergrund solcher eigener Erfahrungen immer wieder in die Rolle des Verteidigers von Personen geschlüpft, die eng mit dem SED-Regime verbunden waren. Da zeigt er bis heute deutlich Flagge. Das Gleiche gilt, wenn es um die Themen wie Strafverfolgung oder Sühne für die Verbrechen der SED-Herrschaft geht. Dann verweist Weizsäcker kraftvoll auf die enormen Zwänge und Kompromissnotwendigkeiten der Menschen in autoritären Systemen und die Schwierigkeiten, dieses Leben nachträglich zu bewerten. Auch Weizsäckers wiederholter Hinweis auf das Prinzip *nulla poena sine lege* (also Strafbarkeit einer Tat nur dann, wenn ein persönliches Verhalten nach demjenigen Recht schuldhaft ist, das zum Zeitpunkt und am Ort der Tat gültig ist), ist richtig. Genauso wichtig die Mahnung, nicht nur die Aktenlage zu betrachten, sondern die konkreten Zwänge der Menschen in einer bestimmten Situation. Wurden nicht Menschen zur Mittäterschaft erpresst, mussten sie nicht »kollaborieren«, wenn sie nicht selbst zum Opfer werden wollten? Weizsäcker sieht, sicher auch aus der Erfahrung der Verteidigung des Vaters bei den Nürnberger Prozessen, diese ganze Problematik sehr differenziert. Wie viel Selbstgerechtigkeit schleicht sich in die Urteile ein, wie viel Unkenntnis über die wahren Wirkungszusammenhänge!

Aber solche Einlassungen führen auch zu kritischen Nachfragen. Ist das Engagement Weizsäckers in diesen Fragen nicht zu einseitig? Beschwichtigt er zu sehr? Ist er nicht zu blauäugig, wenn es um die Verstrickungen der »Grenzgänger« zwischen Anpassung und Opposition geht? Besonders Weizsäckers wiederholte Stellungnahmen für Manfred Stolpe sind ihm verübelt worden. War Stolpe wirklich so eindeutig ein Mann der Kirche? Oder nicht gleichzeitig auch das U-Boot der Stasi in der Kirche? Immerhin hatte er 1978 die Verdienstmedaille der DDR erhalten, war zwanzig Jahre als »IM Sekretär« als inoffizieller Stasi-Mitarbeiter geführt worden. Für die Bürgerrechtler jedenfalls ist Stolpe ein rotes Tuch: Bärbel Bohley bezeichnete seine Berufung als Verkehrsminister in das Kabinett Gerhard Schröder im Jahr 2002 als »Hohn«, Wolf Biermann und andere sagten ihre Teilnahme am Evangelischen Kirchentag 2009 in Bremen mit Hinweis auf die Teilnahme Stolpes ab, auch Günther Nooke, Stephan Hilsberg und Marianne Birthler bezogen klar gegen ihn Stellung. Birthler schied aus Protest gegen Stolpes selbstgerechten Umgang mit der eigenen Vergangenheit aus dessen Kabinett in Brandenburg. Aber diese Proteste und Anwürfe ließen Weizsäcker unbeeindruckt. Er hatte sein eigenes Urteil.

Das mögen ihm viele zugestehen. Aber wo, so fragen Bürgerrechtler bis heute, bleibt sein Einsatz für die Anliegen der Opfer, der Verfolgten, der Oppositionellen? Sie haben nicht das Gefühl, dass ihr Mut und ihr Beitrag zur Revolution von 1989 im heutigen Deutschland ausreichend anerkannt werden. Bärbel Bohley, die großartige Bürgerrechtlerin, brachte den Unmut vieler Oppositioneller in der ehemaligen DDR auf den Punkt: »Wir haben Gerechtigkeit erwartet und den Rechtsstaat bekommen.«

Der Zorn darüber, dass viele, ja die meisten Untaten der SED-Diktatur ungesühnt blieben, ist bei den Bürgerrechtlern sehr verbreitet. Und sie haben recht: Wie sollen nachfolgende Generationen zwischen Demokratie und Diktatur, Recht und Unrecht, Gut und Böse unterscheiden können, wenn die Täter des SED-Staates zumeist ungestraft davonkommen? Ja schlimmer: Wie sehr müssen die Maßstäbe verschwimmen, wenn führende SED-Kader und Stasi-Mitarbeiter wieder in gehobenen Positionen sind, in teuren Villen leben und solide Renten beziehen, während gleichzeitig die Opfer und Oppositionellen lange Zeit überhaupt keine Entschädigung erhielten und nunmehr eine kleine Opferrente bekommen? Wo sind die Bürgerrechtler wie Bärbel Bohley, Konrad Weiss, Jens Reich, Erhart Neubert und andere im heutigen politischen Diskurs? Einige wenige spielen eine gewisse Rolle in der Politik wie Günther Nooke oder Markus Meckel. Aber so richtig nach vorn sind sie nicht gekommen.

Bis auf Wolf Biermann, dem die Stadt Berlin nach einigem Zögern die Ehrenbürgerwürde verlieh, sind sie von offizieller Seite kaum geehrt worden. Warum gibt es keine nach Jürgen Fuchs benannte Schule, keinen Rainer-Kunze-Literaturpreis, keinen Pastor-Brüsewitz-Saal, warum keine Ehrung für mutige Fluchthelfer und kein zentrales Denkmal für die an Mauer und Stacheldraht Getöteten? Die Oppositionellen und Opfer der DDR stehen am Rande und nicht dort, wo sie aufgrund ihrer bewiesenen Courage und ihrer Erfahrungen hingehören: ins Zentrum des Interesses, in den Bundestag, in die Regierung. In Wahrheit werden sie doch heute als freundliche, etwas naive Zeitgenossen belächelt, dürfen allenfalls bei den jährlichen Erinnerungsritualen einige Worte beitragen ...

Hätte Weizsäcker nicht in diese Richtung etwas stärker wirken können, sich zumindest verständlicher machen müssen? Vielleicht hätte eine Ermutigung der Bürgerrechtler und Oppositionellen von seiner Seite geholfen. Sie hatten es erwartet – und erwarten es bis heute. Sich einzusetzen gegen vorschnelle Verurteilungen von Manfred Stolpe oder Wolfgang Vogel, das ist richtig. Aber mindestens genauso verdient der Widerstand in der DDR die Zuwendung. Wenn in der Liste der großen Reden Weizsäckers zur inneren Einheit und Identität der Deutschen eine noch fehlt, dann ist es eine Ansprache zur Würdigung der Bürgerrechtler und Verfolgten in der DDR.

Mit Recht wehrt sich Weizsäcker gegen die Gleichsetzung der beiden deutschen Diktaturen. Die DDR habe keinen Holocaust und keinen Angriffskrieg zu verantworten. Ihre Führung sei von außen eingesetzt und kontrolliert worden. Alles richtig. Aber beide Systeme waren totalitäre Regime – mit ihren Unterschieden, aber auch ihren strukturellen Gemeinsamkeiten. Weizsäcker hat wiederholt geäußert, dass es sich beim NS- und beim SED-Staat um Diktaturen handelte, allerdings verwendet er zu ihrer Beschreibung nie den Totalitarismusbegriff, der seiner Meinung nach lediglich ein politischer Kampfbegriff ist, um faschistische und kommunistische Regime gleichzusetzen. In dieser Frage waren wir immer unterschiedlicher Meinung. Bei aller Ablehnung von ideologisch motivierter Selbstgerechtigkeit und Aufrechnung muss auch im Falle der SED-Diktatur der ganzen Wahrheit ins Auge gesehen werden. Genau das hatte Richard von Weizsäcker bei seiner berühmten Rede am 8. Mai 1985 im Hinblick auf die Verbrechen des nationalsozialistischen Unrechtsstaates angemahnt.

2

Befreiung und Versöhnung
durch Erinnerung

Das zweite große Lebensthema Richard von Weizsäckers ist die geschichtliche Einordnung von NS-Diktatur, Holocaust und Weltkrieg. Die Aufarbeitung der nationalsozialistischen Verbrechen hat ihn zu einer großen politischen Autorität gemacht – im eigenen Land und international. Der Schlüssel zu dieser enormen, nicht erwarteten oder gar geplanten Wirkung stellte »die Rede« dar, Weizsäckers Ansprache zum 40. Jahrestag des Kriegsendes am 8. Mai 1985 vor dem Deutschen Bundestag. Niemals zuvor oder danach hat ein Bundespräsident mit einer einzigen Rede so wirken können. In ihr verarbeitete er persönliche Erfahrungen als Frontsoldat der Wehrmacht und als Verteidiger des Vaters bei den Nürnberger Kriegsverbrecherprozessen ebenso wie sein Wissen um die nach wie vor weltweit gestellten Fragen nach der Einsichts- und Demokratiefähigkeit der Deutschen, die ihm als Kirchentagspräsident, Abgeordneter und Regierender Bürgermeister von Berlin immer wieder begegnet waren.

Bitburg und die deutsche Orientierungslosigkeit

Wer ein Gespür für Zeitläufte hatte, konnte schon im Spätherbst 1984 erkennen, dass sich im Zusammenhang mit dem 40. Jahrestag der Kapitulation etwas zusammenbraute.

Die Frage, in welcher Form der Tag begangen werden sollte, beschäftigte die Medien im In- und Ausland zunehmend. Die *Zeit* veröffentlichte eine Serie von wöchentlichen Diskussionsbeiträgen von Politikern, Historikern und Intellektuellen über den »sperrigen Gedenktag«. War der 8. Mai ein Tag zum Feiern oder zum Trauern? Sollte man ihn allein oder mit den westlichen Verbündeten begehen? In Washington und Paris wurde dagegen die Frage diskutiert, ob man den Tag mit den Deutschen oder ohne die Deutschen begehen sollte, mit der Sowjetunion oder ohne sie? Erschwerend kam hinzu, dass unmittelbar vor dem Gedenktag ein Weltwirtschaftsgipfel (damals G-7) in Bonn terminiert war und sich der amerikanische Präsident Ronald Reagan im Anschluss daran zu einem Staatsbesuch in Deutschland angesagt hatte. Sollte er an Veranstaltungen in Deutschland beteiligt werden, etwa im Deutschen Bundestag reden? Sollte überhaupt ein deutscher Politiker sprechen und wenn ja, wer: Helmut Kohl oder Richard von Weizsäcker? Oder reichte nicht ein ökumenischer Gottesdienst im Kölner Dom? Überschattet wurde die Debatte um den Gedenktag durch die Diskussion der Frage, ob die sogenannte »Auschwitz-Lüge«, also die Leugnung der Shoa, unter Strafe gestellt werden sollte. Einige Äußerungen aus dem rechtsextremen Lager hatten das innenpolitische Klima zuvor vergiftet.

Warum all diese Aufregung und warum diese Aufregung ausgerechnet zu diesem Zeitpunkt? Vielleicht war das der Grund: Vierzig Jahre waren vergangen, die Ereignisse lagen weit genug entfernt, um das Schreckliche offen auszusprechen und aufzunehmen, aber nah genug, um persönliche Erinnerungen, Einsichten und Emotionen einbringen zu können. Und ein Ritual, eine vorgegebene formale oder inhaltliche Präjudizierung gab es nicht.

Helmut Kohl plante zunächst eine Erklärung der G-7 zu dem Gedenktag und war angetan von der Idee eines Gottesdienstes am 8. Mai. Darüber hinaus sah er für sich eine Rede zum Jahrestag der Befreiung des Konzentrationslagers Bergen-Belsen am 21. April vor und für Weizsäcker eine Fernsehansprache zum 7. Mai. Dann aber wurden Pläne des Kanzlers bekannt, gemeinsam mit Ronald Reagan einen deutschen Soldatenfriedhof in Bitburg zu besuchen, »um sich über den Gräbern der Gefallenen die Hände zu reichen«, wie es der damalige Regierungssprecher Peter Boenisch formulierte. Die Idee war bereits im November 1984 anlässlich des Kohl-Besuches in Washington erörtert worden. Kohl hatte zuvor mit dem französischen Präsidenten Mitterrand in Verdun der Toten der Weltkriege gedacht. Das Bild von Kohl und Mitterrand, Hand in Hand über den Gräbern, ging um die Welt. Kohl plante nun offenbar Ähnliches mit Reagan.

Im April setzte eine massive Medienkampagne in den USA gegen dieses Vorhaben ein. Man hatte kein Verständnis dafür, dass die geplante Geste ausgerechnet dort stattfinden sollte, wo ausschließlich deutsche Soldaten begraben lagen. Als eine Zeitung berichtete, dass es in Bitburg auch Gräber der Waffen-SS gab, steigerte sich die Skepsis zu aggressiver Ablehnung. Kann man sich versöhnen mit der SS, der Inkarnation alles Bösen? Wird hier der Unterschied zwischen Tätern und Opfern verwischt? Wollen die Deutschen damit die SS-Verbrechen zur Normalität erklären und einen Schlussstrich unter die Gräueltaten der Nazis ziehen? Fast alle großen Zeitungen und Fernsehsender Amerikas berichteten erstmals seit Langem wieder ausführlich über Deutschland. Der durchschnittlich an Politik interessierte Amerikaner musste den Eindruck gewinnen, dass in Deutschland eine Art zweiter Machtergreifung vor der Tür stand. Jetzt kamen nämlich auch Berichte über Neonazi-Aktivitäten hinzu. Mehrere SS-Kameradschaften, darunter die »Leibstandarte Adolf Hitler« planten für den Tag des Kriegsendes eine größere Veranstaltung im bayerischen Nesselwang. Das internationale Echo, nicht zuletzt in Israel, war verheerend. Vertreter jüdischer Organisationen erklärten, sie hätten es immer schon gewusst, dass die Deutschen nicht aus ihrer Geschichte gelernt hätten. Die jahrelange vertrauensbildende Arbeit von Organisationen wie Aktion Sühnezeichen, der Deutsch-Israelischen Gesellschaft oder der Atlantikbrücke wurden hinweggefegt von den Titelstorys in *Time* oder der *Jerusalem Post*.

Die Diskussion in Amerika und Israel strahlte naturgemäß stark nach Deutschland aus, wo der Kanzler zunehmend unter Druck geriet, auf den Bitburg-Plan zu verzichten. Das Auswärtige Amt, also Hans-Dietrich Genscher, distanzierte sich von der Idee mit der Erklärung, Kohl habe sich die konzeptionelle Gestaltung des Staatsbesuches selbst vorbehalten. Weizsäcker indes hielt sich mit Kommentaren zurück. Was zum Thema zu sagen sei, werde er am 8. Mai im Bundestag vortragen. Inzwischen war nämlich Kritik an der ursprünglichen Idee einer TV-Ansprache und eines Gottesdienstes geäußert worden, was in den Plan mündete, eine Gedenkstunde im Bundestag mit dem Bundespräsidenten durchzuführen. Weizsäcker war dennoch besorgt über den Rückschlag, den Ansehensverlust Deutschlands in der Welt und die Auswirkungen der Debatte auf das deutsch-amerikanische Verhältnis. Sogar Marianne von Weizsäcker sei von Nancy Reagan auf dem Anti-Drogen-Gipfel in Washington mehrere Male kritisch angesprochen worden.

Der amerikanische Präsident hielt jedoch an seinem offenbar Kohl gegebenen Versprechen fest und erklärte immer wieder sein Vertrauen in den Kanzler und die Deutschen.

Auch Kohl blieb unbeirrt bei seiner Position. In Bergen-Belsen hielt er eine glänzende Rede, die sich inhaltlich von derjenigen nicht unterscheidet, die Weizsäcker kurz darauf am 8. Mai im Bundestag halten sollte. Aber sie wird nur wenig zur Kenntnis genommen, geht unter in der allgemeinen Kritik an der Bitburg-Veranstaltung. Auch die Zeremonie auf dem Friedhof in Bitburg, die Kohl und Reagan schließlich durchziehen, verläuft würdig und bietet den unzähligen dort anwesenden Medienvertretern wenig Anlass zur Kritik.

Die wochenlange Diskussion um den Besuch auf dem Soldatenfriedhof in Bitburg spiegelte dennoch mehr als alles andere die Unsicherheiten der Deutschen im Umgang mit der jüngsten Geschichte wieder. Wie gehen wir mit unserer Vergangenheit um? Kann, darf man sich mit den Tätern versöhnen? Wer gehörte zu den Tätern?

Die Antwort am 8. Mai

Paradoxerweise war es genau diese in der Bitburg-Debatte kulminierende Orientierungslosigkeit, die Richard von Weizsäcker die Chance zu einer großen Rede am 8. Mai gab. Hier konnte er missverständliche Signale korrigieren, polarisierende Lager zusammenführen, den offenbar zu oberflächlichen Konsens hinsichtlich der NS-Geschichte erneuern und vertiefen.

Weizsäcker wurde dieser Herausforderung gerecht. Er nutzte die unerwartete Chance, sich selbst, aber auch sein Amt im besten Sinne des Wortes zu profilieren. Bundespräsidenten haben keine Macht, sie können nur durch das gesprochene Wort wirken und auf diese Weise moralische Kraft entfalten. Mit der Rede vom 8. Mai wurde auch bewiesen, dass die Mütter und Väter der Verfassung das

Amt des Staatsoberhauptes richtig konzipiert hatten. Robert Leicht befand am Tag danach in der *Süddeutschen Zeitung*: »Die Rede des Bundespräsidenten wirkte reinigend, im eigentlichen Sinne als Katharsis.« Weizsäcker habe bewiesen, dass nicht das »selbst schonende Aussparen, nicht das Glätten und der alles überhöhende Kompromiss, sondern dass allein der Mut zur Wahrheit ein Volk in seiner Wirklichkeit zusammenführen kann, mit seiner Vergangenheit, seiner Gegenwart und seiner Zukunft«.

Der Bundespräsident bezeichnete den 8. Mai 1945 als den Tag der »Befreiung vom Nationalsozialismus«. Wie wenig diese Formulierung damals Konsens in Deutschland war, zeigte ein Artikel, der am Morgen der Weizsäcker-Rede in der *Deutschen Tagespost* erschien. Verfasser war der CSU-Bundestagsabgeordnete Lorenz Niegel. Er schrieb: »Der 8. Mai war und ist im Erleben des Volkes einer der traurigsten Tage, ein Tag der tiefsten Demütigung. Der Tag der bedingungslosen Kapitulation war für Millionen deutscher Menschen, die unschuldig waren wie irgendeiner, der unter der nationalsozialistischen Herrschaft gelitten hatte, der Beginn von Gefangenschaft und Internierung, von Ausplünderung, Vergewaltigung, von Entrechtung und Vertreibung, von Hunger und Tod.«

Der Streit um die Einordnung des Tages der Kapitulation ist so alt wie die Bundesrepublik selbst. Die meisten Redner, die sich mit dem Thema befassten, darunter die Vorgänger Weizsäckers, hatten würdige Reden gehalten, hatten sich aber für einen Mittelweg entschieden: Das Datum sei sowohl quälende Niederlage wie auch befreiende Chance zum Neuanfang gewesen, sowohl Trauer wie auch Freude seien angezeigt. Auch Weizsäcker tendierte zunächst in diese Richtung. Aber bereits im Januar, nach einem Hintergrundgespräch mit Journalisten im Bonner Presseclub, wo er diese

Sowohl-als-auch-These vertrat, gab er sein Unwohlsein mit dieser Formulierung zu erkennen. Man dürfe es sich nicht so einfach machen. Wenige Tage später hatte er, der mit Reden »zu leben« pflegt, also in der Zeit der Vorbereitung ständig über das Konzept und einzelne Formulierungen nachdenkt, die Lösung für sich gefunden. Er werde nicht bei der Schilderung der Ambivalenz des Tages verharren. Der 8. Mai sei natürlich kein Tag zum Feiern. Jeder habe unterschiedliche Erinnerungen an diesen Tag, oft auch sehr schmerzliche. Er selbst habe den Tag in Lindau erlebt und sich damals aus ganzem Herzen gefreut, nun endlich wieder studieren zu können. Für andere Menschen sei mit diesem Tag das eigentliche Leid erst ausgebrochen. Bei allem Respekt vor solchen unterschiedlichen Wahrnehmungen sei aber objektiv klar, dass der 8. Mai der Tag der Befreiung von der Diktatur und das ersehnte Ende des Krieges gewesen sei. Das werde er klar zum Ausdruck bringen. Anfang Februar stand für Weizsäcker ziemlich fest, was er zu dieser Frage im Mai sagen würde.

Genau in diesem Ansatz liegt das Geheimnis der enormen Wirkung, die die Rede entfalten sollte. Weizsäcker wirft den Menschen die Befreiungsthese nicht einfach an den Kopf, um sie danach mit der Diskrepanz zwischen dieser Aussage und den eigenen Lebenserfahrungen alleine zu lassen. Er holt die Menschen vielmehr bei ihren Erlebnissen und Gefühlen ab, würdigt diese ausdrücklich, um dann aber doch festzustellen, was der 8. Mai allen unterschiedlichen Wahrnehmungen zum Trotz eben doch ist. Auf diese Weise versuchte er, die verschiedenen Lager zusammenzuführen, ohne im Unverbindlichen zu verharren.

Im Wortlaut der Rede kommt das rhetorische Prinzip, das wir in abgewandelter Form oft bei Weizsäcker finden, klar zum Ausdruck: »Der 8. Mai ist für uns Deutsche kein Tag zum Feiern. Die Menschen, die ihn bewusst erlebt haben, denken an persönliche und damit ganz unterschiedliche Erfahrungen zurück. Der eine kehrte heim, der andere wurde heimatlos. Dieser wurde befreit, für jenen begann die Gefangenschaft. Viele waren einfach nur dankbar, dass Bombennächte und Angst vorüber und sie mit dem Leben davongekommen waren. Andere empfanden Schmerz über die vollständige Niederlage des eigenen Vaterlandes. Verbittert standen Deutsche vor zerrissenen Illusionen, dankbar andere Deutsche für den geschenkten neuen Anfang...

Der Blick ging zurück in einen dunklen Abgrund der Vergangenheit und nach vorn in eine ungewisse Zukunft. Und dennoch wurde von Tag zu Tag klarer, was es heute für uns alle gemeinsam zu sagen gilt: Der 8. Mai war ein Tag der Befreiung. Er hat uns alle befreit von dem menschenverachtenden System der nationalsozialistischen Gewaltherrschaft.

Niemand wird um dieser Befreiung willen vergessen, welche schweren Leiden für viele Menschen mit dem 8. Mai erst begannen und danach folgten. Aber wir dürfen nicht im Ende des Krieges die Ursache für Flucht, Vertreibung und Unfreiheit sehen. Sie liegt vielmehr in seinem Anfang und im Beginn jeder Gewaltherrschaft, die zum Krieg führte. Wir dürfen den 8. Mai 1945 nicht vom 30. Januar 1933 trennen.«

Ewig im Büßerhemd?

Trotz seines Versuches, mit präzisen Formulierungen Klarheit zu schaffen und zugleich unterschiedlichen Befindlichkeiten gerecht zu werden, zeigte das Echo auf die Weizsäcker-Rede, dass sich viele Bundesbürger zumindest mit einzelnen Formulierungen schwertaten. Zwei der führenden deutschen Historiker schrieben Weizsäcker einen langen persönlichen

Brief, in dem sie die Befreiungsthese rundweg ablehnten. Rainer Barzel, der ehemalige CDU/CSU-Fraktionschef und Kanzlerkandidat, kritisierte eine andere Passage. Er schrieb in einem Artikel: »Von Exekutionen, von Vergasung und Verbrennungsöfen hörte ich erst nach dem Krieg. Deportationszüge habe ich weder gesehen noch rollen gehört. Richard von Weizsäcker hat in seiner belobigten Rede eine andere Erinnerung aufgeblättert. Ich kann das nicht bestätigen.«

Barzel hatte indes die Rede nicht ganz korrekt wiedergegeben. Wörtlich hatte Weizsäcker nämlich gesagt: »Die Ausführung des Verbrechens lag in der Hand weniger. Vor den Augen der Öffentlichkeit wurde es abgeschirmt ... Wer seine Ohren aufmachte, wer sich informieren wollte, dem konnte nicht entgehen, dass Deportationszüge rollten. Die Fantasie der Menschen mochte für Art und Ausmaß der Vernichtung nicht ausreichen.«

Wer die Rede nachliest, wird unschwer feststellen, dass es gerade die Argumentation Barzels war, die Weizsäcker in der 8. Mai-Rede attackierte: »Aber in Wirklichkeit trat zu den Verbrechen selbst der Versuch allzu vieler, auch in meiner Generation, die wir jung und an der Planung und Ausführung der Ereignisse unbeteiligt waren, nicht zur Kenntnis zu nehmen, was geschah. Es gab viele Formen, das Gewissen ablenken zu lassen, nicht zuständig zu sein, wegzuschauen, zu schweigen. Als dann am Ende des Krieges die ganze unsagbare Wahrheit des Holocaust herauskam, beriefen sich allzu viele von uns darauf, nichts gewusst oder auch nur geahnt zu haben.«

Weizsäcker hatte die »Reichskristallnacht« als 18-Jähriger in Berlin erlebt – wie in verschiedenen Städten des Reichs unzählige andere Deutsche. Er war – wie viele andere Jugendliche – in seiner Schule in Berlin-Wilmersdorf Zeuge davon geworden, wie jüdische Klassenkameraden beim Abitur schikaniert wurden. Viele Menschen, nicht zuletzt Tausende von Bahnbeamten, sahen die nach Brot und Wasser ausgestreckten Hände aus den Viehwaggons, die in die Lager rollten. Zivile Mitarbeiter der deutschen Industrie reisten in die Gebiete der Vernichtungslager. Stellten sie keine Fragen? Wie viele Menschen haben erlebt, wie plötzlich Nachbarn spurlos verschwanden? Man stellte keine Fragen, vielleicht weil man Angst hatte. Und das Ausmaß der Angst kann wohl nur derjenige ermessen, der die Zeit miterlebt hat. Es ging Weizsäcker nicht um selbstgerechte Kritik an anderen, nicht um den moralischen Zeigefinger zur eigenen Entlastung. Ihm ging es einfach darum »der Wahrheit, so gut wir es können, ins Auge zu sehen«.

Aber warum das alles? Muss es nicht einmal genug sein damit, Asche auf das eigene Haupt zu streuen, fragten (und fragen bis heute) viele Menschen. Warum muss man die heutige junge Generation mit der Vergangenheit belasten? Warum soll Deutschland sich immer beugen, obwohl doch auch andere Völker dunkle Episoden ihrer Geschichte zu verantworten haben. Wieso gibt es dort keine so selbstquälerischen Reden und Diskussionen? Weizsäcker war und ist der Überzeugung, dass die Erinnerung nicht belastet, sondern befreit. In seiner Rede gab er die Antwort auf solche Fragen: »Gewiss, es gibt kaum einen Staat, der in seiner Geschichte immer frei blieb von schuldhafter Verstrickung in Krieg und Gewalt. Der Völkermord an den Juden aber ist beispiellos in der Geschichte.« Und dann zitierte der Präsident eine alte jüdische Weisheit: »Das Vergessenwollen verlängert das Exil, und das Geheimnis der Erlösung heißt Erinnerung.« Genauso bewertete es der *International Herald Tribune* am Tag nach der Rede. Während in Deutschland einige meinten, Weizsäcker belaste mit der Rede nun auch die junge Generation, titelte das renommierte internationale

Blatt: »Präsident versucht, die Schuld der Nazis von den Schultern der Jungen zu nehmen.«

Aber hatte er nicht mit der Rede das ganze deutsche Volk für schuldig erklärt? Vor allem in den rechtsradikalen Zeitungen wurde die These verbreitet, Weizsäcker habe sich die alte Kollektivschuldthese der Gegner Deutschlands zu eigen gemacht und damit Verrat an der eigenen Nation geübt. Ein Blick in die Rede zeigt, dass das Gegenteil der Fall war. Ausdrücklich sagte er: »Die meisten Deutschen hatten geglaubt, für die gute Sache des eigenen Landes zu kämpfen und zu leiden.« Und er fügte hinzu: »Schuld oder Unschuld eines ganzen Volkes gibt es nicht. Schuld ist, wie Unschuld, nicht kollektiv, sondern persönlich. Es gibt entdeckte und verborgen gebliebene Schuld von Menschen. Es gibt Schuld, die sich Menschen eingestanden oder abgeleugnet haben. Jeder, welcher die Zeit mit vollem Bewusstsein erlebt hat, frage sich heute im Stillen selbst nach seiner Verstrickung.«

Es ging also nicht um schrille Schuldbekenntnisse, schon gar nicht um ein Büßerhemd für junge Deutsche. Wohl ging es um die Erbschaft, die ihnen hinterlassen worden ist: »Wir alle, ob schuldig oder nicht, ob alt oder jung, müssen die Vergangenheit annehmen. Wir alle sind von ihren Folgen betroffen und für sie in Haftung genommen.« Es sei lebenswichtig, die Erinnerung wachzuhalten. Wer sich der Unmenschlichkeit nicht erinnern wolle, werde anfällig für neue Ansteckungsgefahren. Weizsäcker redete nicht der Kollektivschuld, wohl aber Kollektivverantwortung das Wort.

Die zum Teil heftige Kritik an der Weizsäcker-Rede darf aber nicht darüber hinwegtäuschen, dass die überwältigende Mehrheit der Deutschen zustimmte. Es gab viel überschwängliches Lob und bewegende Äußerungen. Der

Schriftsteller und Literaturnobelpreisträger Heinrich Böll forderte, die Rede in den Schulbüchern abzudrucken. Die bayerische Landesregierung verteilte 95 000 Exemplare in den Realschulen und Gymnasien, die hessische Landesregierung förderte ein Schulbuch zweier hessischer Lehrer, das anhand der Rede die Geschichte und Gegenwart behandelte. Viele Schulen entschlossen sich, ihren Abiturienten mit dem Abschlusszeugnis ein Exemplar der Rede zu überreichen. Sie erschien auf Schallplatte, Tonband- und Videokassette, wurde in zahlreichen Büchern nachgedruckt, erreichte alsbald eine Millionenauflage.

Was war das Geheimnis dieses Erfolgs, dieser Wirkung? Die kurzfristige Wirkung lässt sich durch die Bitburg-Diskussion im Vorfeld erklären. Doch wieso hielt die Wirkung an, nachdem der Streit um den Händedruck von Bitburg längst am Verblassen war? Und hatte nicht Willy Brandt schon fünfzehn Jahre zuvor am Mahnmal des Warschauer Gettos gekniet und damit bewiesen, dass Deutschland gelernt hatte? Die Geste Brandts bleibt in ihrer Symbolkraft unerreicht. Sie war mutig und hat das Bild Deutschlands in der Welt mit einem Mal verbessert. Aber es war der Kniefall eines Mannes aus dem Widerstand, der im Exil gelebt hatte. War er repräsentativ für das deutsche Volk? Vielleicht konnte im In- und Ausland erst ein ehemaliger Frontsoldat glaubhaft machen, dass das deutsche Volk wirklich bereit war, der geschichtlichen Wahrheit ins Auge zu sehen und die daraus folgende Verantwortung auf sich zu nehmen. Und vielleicht bedurfte es der vierzig Jahre...

Der Historikerstreit

Wahrscheinlich hat der *Zeit*-Redakteur Gunter Hofmann recht, als er 1988 befand, dass auch der in diesem Jahr tobende Historikerstreit eine Reaktion auf die Weizsäcker-Rede, zumindest auf ihre »überwältigende Resonanz« war. Die Debatten der deutschen Geschichtswissenschaftler über die historische Einordnung des millionenfachen Judenmordes können rückblickend als eine der großen intellektuellen Debatten in der Geschichte der Bundesrepublik bezeichnet werden. Herausragende Köpfe wie Ernst Nolte, Andreas Hillgruber, Joachim Fest, Michael Stürmer und andere historisierten die Shoa, verglichen sie mit Verbrechen anderer Völker, bestritten zum Teil die Einzigartigkeit des Holocausts und relativierten damit in den Augen der sofort einsetzenden Kritik die Verbrechen von NS-Deutschland. Ein Versuch der Entlastung? Der Sozialphilosoph Jürgen Habermas schlug zurück und verwahrte sich gegen diese Neudeutung der Vergangenheit. Weizsäcker schwieg lange Zeit zu der Debatte, die es bis in die Boulevardpresse und das Fernsehen brachte und in Wahrheit nur zeigte, wie wenig die NS-Vergangenheit wirklich aufgearbeitet war. Für sein Schweigen wurde er heftig kritisiert. Der bereits erwähnte Gunter Hofmann schrieb 1994 in einem Rückblick: »Weizsäcker hatte mit seiner Rede einen Konsens neu verpflichtend gemacht, der sich aufzulösen drohte. Umso schwerer lässt sich verstehen, dass er so lange zögerte, als die Relativierer unter den Historikern auftraten.« Gerade ein gegen die »Schamlosigkeit der Wörter Empfindlicher« wie der Präsident hätte provoziert sein müssen von den Thesen über die »Schuldmetaphysik« konservativer Historiker.

Aber Weizsäcker wollte sich nicht zu weiteren Äußerungen provozieren lassen. Er hatte in seiner Rede im Bundestag alles zum Thema gesagt, was er auf dem Herzen hatte.

Dann jedoch kam der 37. Deutsche Historikertag in Bamberg im Oktober 1988. Weizsäcker war eingeladen worden, dort zu sprechen. Er konnte angesichts der aktuellen Auseinandersetzung der Geschichtswissenschaftler schlecht einen Vortrag über Troja oder das Mittelalter halten. Hier war der richtige Ort, um mit einem Grundsatzbeitrag auf den so polarisierenden Streit einzugehen: »Tiefes Verstörtsein löst der Blick auf die Untaten des Nationalsozialismus aus. Es ist nicht gut, diese Verstörtheit, auch wenn sie zum Wegsehen verleitet, als moralisch heillos zu diffamieren ... Eine moralische Relativierung stellt keiner zur Debatte, der es ernst meint. Historische Bezüge und Vergleiche haben in der Wissenschaft ihren Platz. Wissenschaft und moralisches Empfinden aber geben dieselbe Antwort auf die Frage der Singularität (Einzigartigkeit) ... Was sollte es auch für uns bedeuten, ob Auschwitz einen Vergleich zur grausamen Ausrottung anderer Menschen aushalten könnte? Auschwitz bleibt singulär. Es geschah im deutschen Namen durch Deutsche. Diese Wahrheit ist unumstößlich.«

Führende Vertreter beider Historikerrichtungen würdigten die Ausführungen Weizsäckers. Wolfgang Mommsen lobte den Versuch, die konträren Lager zusammenzubringen, ohne die NS-Verbrechen mit dem Hinweis auf andere Gräueltaten zu verharmlosen. Andreas Hillgruber unterstrich, dass keiner derjenigen, die sich am Historikerstreit beteiligt hatten, eine moralische Relativierung habe vornehmen wollen. Die *New York Times*, die mehrfach über den Historikerstreit berichtet hatte, kommentierte: Mit seiner Rede habe Weizsäcker die Debatte der Geschichtswissenschaftler in Deutschland beendet. Es sei nunmehr alles gesagt. Wenn das stimmt, hätte Weizsäcker mit seiner Rede zum 8. Mai 1985 das Vor- und mit der Rede am 12. Oktober 1988 das Schlusswort zum Historikerstreit gesprochen.

Der Coup des Prinzen Claus

Die Rede öffnete Türen, die bislang verschlossen oder nur halbherzig geöffnet waren. Das sollte der Präsident bereits Ende Mai 1985 bei seinem Staatsbesuch in den Niederlanden merken. Wenn man von Israel und Polen absieht, ist die Vergangenheit in keinem anderen Land gegenwärtiger als in Holland. Deutsche Truppen hatten am 9. Mai 1940 das kleine neutrale Land besetzt, Rotterdam zerstört und den Widerstand durch Terror von Sicherheitspolizei und Gestapo erstickt – vor allem nach dem berühmten Februarstreik im Jahr 1941. 400000 Holländer wurden für die deutsche Kriegsindustrie deportiert, 250000 kostete der Krieg das Leben. Zu den ersten Opfern gehörten vor allem die Juden, die zu Zehntausenden verschleppt und in den Vernichtungslagern ermordet wurden. Kann derjenige, der das Tagebuch der Anne Frank gelesen hat, diese Lektüre je vergessen? Wie tief die Wunden noch waren, spürte man auch an der damaligen Debatte in Holland über eine mögliche Freilassung der »zwei von Breda«, deutscher Kriegsverbrecher, die zu lebenslanger Haft verurteilt worden waren und vierzig Jahre nach Kriegsende noch im Gefängnis von Breda einsaßen.

Die neuere niederländische Literatur beschäftigte sich auch noch Mitte der achtziger Jahre vor allem mit den Themen Überfall, Besetzung, Deportation und Krieg. In seinem großartigen Buch *Das Attentat* schreibt der niederländische Autor Harry Mulisch: »Die Welt ist die Hölle ... Selbst wenn morgen der Himmel auf Erden ausbrechen sollte, selbst dann würde es, nach allem, was in der Vergangenheit passiert ist, nicht der Himmel sein können.«

In dieser Situation hatten sich am 30. Mai 1985 etwa fünfhundert Gäste zum Galadiner im königlichen Palast

Op de Dam zu Amsterdam versammelt. Die Gäste hatten gerade die Bestecke zur Seite gelegt, den Tischreden Weizsäckers und der Königin Beatrix freundlich Beifall gespendet und den Nationalhymnen gelauscht. Nun wollte man sich dem Nachtisch zuwenden, die Diener begannen bereits mit dem Auftischen. Da erhebt sich plötzlich Seine Königliche Hoheit, Prinz Claus der Niederlande, und bittet, ein wenig umständlich, ums Wort.

Das hatten die Niederländer noch nie erlebt. Was mochte der Prinz, über dessen Depressionen sich die Boulevardpresse immer wieder verbreitete, vorhaben? Es wurde still im Saal, Königinmutter Juliana wirkte leicht besorgt.

Prinz Claus begann zu sprechen, in deutscher Sprache, ein wenig stockend, aber deutlich vernehmbar. Er habe, so der ehemalige Diplomat Claus von Amsberg, weder die Regierung noch den Protokollchef für seine kurze Rede um Erlaubnis gebeten. Die Ursache für seinen »unprotokollarischen Coup« liege allein in dem tiefen Eindruck, den die Rede des Bundespräsidenten vom 8. Mai bei ihm, der als gebürtiger Deutscher zwischen zwei Kulturen stehe, hinterlassen habe. Er habe bedauert, dass die Mehrheit seiner Landsleute mangels Sprachkenntnis von der Rede Weizsäckers nicht Kenntnis nehmen konnte. In eigener Verantwortung habe er deshalb eine »Batterie der besten Sprachwissenschaftler« unmittelbar nach der Rede mit der Übersetzung beauftragt. Die niederländische Fassung sei gerade noch rechtzeitig zum Staatsbesuch fertig geworden. Er wolle sich erlauben, das erste, noch druckfrische Exemplar mit einem Vorwort von ihm, Prinz Claus, zu überreichen.

Die im Saal spürbare Spannung löste sich. Die Orden und Frack tragenden Herren und die Damen in ihren langen Abendroben verloren ihre stocksteife Haltung. Ein zustimmendes Gemurmel erhob sich und mündete schließlich in anhaltenden, demonstrativen Applaus. Die holländische Gesellschaft stimmte der ungewöhnlichen Aktion des Prinzgemahls per Akklamation zu. Der niederländische Ministerpräsident Ruud Lubbers zeigte sich begeistert. Thomas Kielinger bezeichnete tags darauf in der *Welt* diesen Abend als »Sternstunde im Dialog zweier Nationen«.

Während das Bankett in großer Harmonie endete, kam es tags darauf in einer Diskussion des Präsidenten mit holländischen Jugendlichen im Goethe-Institut zu einer handfesten Konfrontation. Ohne die Zwänge der Höflichkeit, die Diplomaten und Politikern im Umgang mit einem ausländischen Staatsgast auferlegt sind, vielmehr mit der typisch niederländischen Ungezwungenheit forderten die Jugendlichen Weizsäcker hartnäckig zur Stellungnahme heraus: Wie konnte die Bundesregierung ein Traditionstreffen ehemaliger SS-Aktivisten in Nesselwang dulden? Was halte er von den »Berufsverboten« in der Bundesrepublik? Warum gehen die Deutschen mit ihren türkischen Gastarbeitern genauso um wie früher mit den Juden? Das war starker Tobak. Die Diskussionsbeiträge steckten voller Vorurteile, voller Abneigung gegen die Deutschen. Weizsäcker brauchte einige Zeit, bis er seiner Überraschung über das harsche Auftreten der jungen Holländer Herr geworden war. Dann rückte er die Maßstäbe zurecht. Als Regierender Bürgermeister von Berlin habe er mehr Beispiele für ein friedliches Zusammenleben von Deutschen und Ausländern gefunden als das Gegenteil. Von Ausländerfeindlichkeit könne jedenfalls so pauschal in Deutschland nicht gesprochen werden. Was das SS-Treffen anging, so zeigte er Verständnis für die Gefühle der jungen Leute. In der Bundesrepublik herrsche jedoch Meinungsfreiheit, Sondergesetze zum Verbot solcher Zusammenkünfte könne es in einem liberalen Rechtsstaat nicht geben.

Ein Jahr später lud Weizsäcker dieselbe Gruppe junger Leute zu einem Besuch nach Bonn ein, diskutierte erneut mit ihnen, diesmal in der Villa Hammerschmidt und ohne Beteiligung der Presse. Das Gespräch verlief erheblich konstruktiver, auch wenn erneut kritische Fragen fielen. Wenige Tage nach diesem zweiten Gespräch erhielt Weizsäcker eine Fotografie von einem Obelisken, der in Amsterdam steht, und dazu einen Brief, der folgende Worte enthielt: »Möge dieser Amsterdamer Schutzpfahl (Amsterdammertje) als Zeichen der Bewegungsfreiheit der hauptstädtischen Bevölkerung jenen Raum symbolisieren, den Sie, sehr geehrter Herr Bundespräsident, uns haben geben wollen, um für die Zukunft unserer beiden Völker einen hoffnungsvollen und zukunftsgerichteten Gedankenaustausch zu haben.«

Historischer Besuch in Israel

Wenige Monate nach dem Staatsbesuch in Holland, im Oktober 1985, flog Weizsäcker nach Israel, zum ersten Staatsbesuch eines deutschen Präsidenten im Heiligen Land. Diese Einladung war eine direkte Folge der Rede vom 8. Mai, eine große Chance, zugleich eine erhebliche Verantwortung.

Wie schwer der Besuch werden würde, spürte Weizsäcker schon einen Monat vor der Abreise, als bekannt wurde, dass der Senat der Hebräischen Universität zu Jerusalem es abgelehnt hatte, ihm die Ehrendoktorwürde zu verleihen. Die Ablehnung richte sich zwar nicht gegen die Person des Präsidenten, sondern allgemein »gegen den Vertreter eines Landes, das US-Präsident Reagan dazu gedrängt habe, sich in Bitburg vor SS-Gräbern zu verneigen«. Trotz dieser Begründung wurde die Entscheidung als ungutes Vorzeichen für den Staatsbesuch gewertet. Die allgemein als deutschlandkritisch bekannte israelische Zeitung *Maariv* allerdings stellte sich klar hinter den deutschen Präsidenten: Die Entscheidung des Universitätssenats sei ungerecht, denn er sei seit Jahren einer der treusten Freunde Israels und symbolisiere das Gewissen Deutschlands. Der israelische Präsident Herzog hat später gegenüber Weizsäcker die Universität der Scheinheiligkeit bezichtigt: Sie scheue sich nicht, ständig Gelder aus Deutschland entgegenzunehmen, verweigere dann aber aus prinzipiellen historischen Gründen die Ehrenpromotion. Das Martin-Buber-Institut der Universität, das den Vorschlag ursprünglich vorgebracht hatte, zeigte sich ebenfalls verstimmt und entschuldigte sich für die Entscheidung mit einem wunderbaren Geschenk: einer Erstausgabe des von Buber und Franz Rosenzweig ins Deutsche übersetzten Buches Jesaja mit Bubers handschriftlichen Randnotizen.

Acht Tage vor der geplanten Abreise wurde dann der Besuch durch eine spektakuläre Militäraktion der Israelis ernsthaft infrage gestellt: Am 30. September 1985 bombardierten acht israelische Jagdbomber vom Typ F-16 die Hauptquartiere der PLO und ihres militärischen Flügels, der Fatah, die damals auf einem fünfzig Hektar großen Areal etwa zwanzig Kilometer östlich von Tunis lagen. Bei dieser Operation wurden sechzig Menschen getötet. Auch wenn Israel den Angriff als Vergeltung für die Ermordung von drei seiner Staatsbürger auf einer Jacht im zypriotischen Larnaka durch PLO-Kämpfer bezeichnete, warf die heftige Reaktion der Weltöffentlichkeit, auch der Europäischen Gemeinschaft, die Frage auf, ob es sinnvoll sei, wenn der deutsche Bundespräsident nur eine Woche nach einer solchen Militäraktion zu einem Staatsbesuch nach Jerusalem aufbreche.

Weizsäcker sah sich unter Druck. Aus dem Außenministerium legte man ihm nahe, den Besuch abzusagen. In der arabischen Welt, aber auch in der EG, würde es kein Verständnis für eine Visite so kurz nach einer »Verletzung des Völkerrechts« geben. Eine sofortige Absage des Besuches könne Weizsäcker vor dem Hintergrund der Erklärung der EG niemand zum Vorwurf machen. Reiste er hingegen, würde er gezwungen, den Militärschlag vor Ort zu kritisieren, was ihm dann in Israel den ganzen Staatsbesuch verhageln würde. Die Argumente wogen schwer. Weizsäcker aber entschied anders: Auch er bedaure die Aktion der Israelis. In Bonn sei es allerdings leichter, stets das Völkerrecht zu zitieren als im Nahen Osten. Wenn er den Besuch jetzt verschöbe, würde dies in Israel erhebliche Verärgerung hervorrufen, die Beziehung zu Bonn würde sich erheblich verschlechtern. Niemand solle glauben, dass man dann den Besuch in absehbarer Zeit nachholen könne. Er fahre auch nicht nach Israel, um den Nahostkonflikt zu lösen, sondern um der Verständigung von Deutschen und Juden ein weiteres wichtiges Glied hinzuzufügen. Er sei entschieden dafür, am Besuch festzuhalten, und erwarte dafür auch die Unterstützung der Bundesregierung. Die aber wollte keinen Konflikt mit dem Präsidenten, schon gar nicht in dieser Frage. Noch am selben Abend erklärte der Regierungssprecher Friedhelm Ost, dass Weizsäcker wie geplant nach Israel reisen werde.

Am 8. Oktober 1985, nur vierzig Jahre nach der Shoa, wurde erstmals ein Präsident der Bundesrepublik Deutschland von seinem israelischen Kollegen mit allen protokollarischen Ehren auf dem Flughafen von Tel Aviv empfangen. Wie immer bei solchen Gelegenheiten spielte man die Nationalhymnen. Aber dieses Mal war vieles anders. Es ist die deutsche Nationalhymne, die da erklingt und die in den Ohren der Gastgeber die Erinnerung an »Deutschland, Deutschland über alles« wachruft. Gastgeber und Gäste

stehen vor einer Präsidentenmaschine, welche die Auf-
schrift »Luftwaffe«, die deutschen Nationalfarben und das
»Eiserne Kreuz« trägt. Weizsäcker, dem ihn begleitenden
Außenminister Hans-Dietrich Genscher, den hohen Beamten und den besonderen Gästen wie dem Präsidenten des
Zentralrates der Juden in Deutschland, Werner Nachmann,
war die Bewegung anzumerken. Einer, den sich Weizsäcker
als Begleiter bei diesem Besuch unbedingt gewünscht hatte,
fehlte. Der Verleger Axel Springer, der sich wie kein Zweiter für die Versöhnung mit den Juden und für den jungen
Staat Israel eingesetzt hatte. Springer war kurz vor der Reise
verstorben.

Präsident Chaim Herzog begrüßte die deutschen Gäste.
Vor dem Hintergrund der Geschichte sei der Besuch ein
»historisches Ereignis«. Er preist Weizsäckers Rede vom
8. Mai als eines »der eindrucksvollsten Dokumente unserer
Zeit«. Die Vergangenheit könne nie vergessen werden, die
Zukunft aber »nicht unbeachtet« bleiben. Wenig später folgt
im Rosengarten der Knesset die traditionelle Brot-und-Salz-
Begrüßungszeremonie. Hier trifft Weizsäcker auch seinen
alten Freund, Teddy Kollek, der schon seit zwanzig Jahren
Bürgermeister von Jerusalem ist und den Weizsäcker stets als
»Vorbild für alle Bürgermeister dieser Welt« bezeichnete, weil
er es so außerordentlich gut verstand, mit den unterschied-
lichen Kulturen und Religionen, gleichzeitig mit der schweren
Geschichte und Gegenwart seiner Stadt umzugehen.

Das trauernde Innehalten in der Erinnerungsstätte Yad
Vashem, der Spaziergang durch die Jerusalemer Altstadt,
die Kranzniederlegung auf dem Herzl-Berg am Grab des
Vaters der zionistischen Bewegung, der Besuch in Sde Boker,
wo der Gründungsvater Israels, David Ben Gurion gelebt
und Konrad Adenauer empfangen hatte, die Gespräche mit
Ministerpräsident Peres über die anstehenden Friedensver-

handlungen mit Jordanien und das soeben von palästinensischen Terroristen gekaperte Kreuzfahrtschiff »Achille Lauro«, auch die vereinzelten Demonstranten gegen den Besuch des deutschen Präsidenten – das alles wird wohl keiner von denen vergessen, die dabei waren. Über jeder Station schwebte die Last der Geschichte, aber eben auch die Befreiung zu einem Neuanfang – ohne den Wunsch nach einem Schlussstrich, aber mit festem Blick auf die Chancen einer jungen Generation in Deutschland und Israel, die Zukunft beider Völker verantwortlich zu gestalten.

Der jungen Generation wandte sich Weizsäcker in einer Diskussion mit jungen Israelis zu, die im deutschen und israelischen Fernsehen übertragen wurde. In dieser Diskussion erklärte eine israelische Lehrerin, Yael Gouri, Tochter des in Israel bekannten, deutschlandkritischen Schriftstellers Chaim Gouri, dass sie aufgrund der Verbrechen der Deutschen niemals ihren Fuß auf deutschen Boden setzen werde. Weizsäckers moralische Autorität und Glaubwürdigkeit ließen sie jedoch offenbar umdenken. Der Präsident riskierte eine Einladung an die junge Frau, die diese nach einer nächtlichen Diskussion gegen den Willen ihres Vaters annahm. In der Präsidentenmaschine auf dem Heimweg wurde sie zum Mittelpunkt des Medieninteresses, denn in gewisser Weise brachte ihre Anwesenheit den Sinn des Staatsbesuches auf den Punkt: Hier war konkret sichtbar, dass es möglich ist, durch Glaubwürdigkeit und Argumente in den Herzen und Köpfen der Menschen etwas zu bewegen. Yael Gouri wurde in Israel wegen ihres Schrittes von vielen heftig kritisiert. Wenige Wochen nach ihrem Besuch in Deutschland, wo sie unter anderem Gast in der Villa Hammerschmidt, bei Werner Nachmann und beim Springer-Verlag gewesen war, schrieb sie einen Artikel in der *Süddeutschen Zeitung*, der bewies, dass sie sich keinesfalls untreu geworden war:

»Ich habe in Deutschland eine neue Generation ange-
troffen, auch Menschen, die mir ans Herz gewachsen sind.
Auch gelacht haben wir gemeinsam, aber diese Dinge haben
nichts mit Vergebung zu tun. Dazu habe ich kein Recht.
Der Schrecken der Väter und Großväter ist auch Teil meines grauenvollen Erbes, nicht nur deren Erbe. Die Freunde
meiner Eltern haben die Lager überlebt. Die blaue Nummer
ist ihnen in den Arm eingebrannt, sie gehört zu meinen
Kindheitserinnerungen. Der Albtraum war mit 1945 nicht
zu Ende. Vielmehr lebt er in den Häusern fort, wie zum Beispiel bei dem Vater einer Jugendfreundin, der jede Nacht mit
entsetzlichen Schreien erwachte. In diesem Haus fiel kein
Wort über die Vergangenheit, aber das verhinderte nicht,
dass sie wie ein Spuk auf allen lastete ...

Schließlich reiste ich mit einer Gruppe von jungen Leuten
durch Süddeutschland, und wir freuten uns an denselben
Dingen. Wir stellten fest, dass wir die gleichen Bilder moch-
ten, dieselben Gedichte und Kinderbücher. Wir waren uns
nah, und doch liegt ein furchtbarer Abgrund zwischen uns.
Und ich versuche inzwischen, mir einen gangbaren Weg zu
suchen zwischen den Schatten der Vergangenheit und den
Gesichtern vor mir.«

Anfang April 1987 erwiderte Chaim Herzog den Staatsbesuch. Er musste sich vor seiner Reise heftiger Kritik in
Israel erwehren. Die Zeitung *Maariv* etwa schrieb, dass
ein solcher Besuch die Weichenstellung dafür sei, »dass
das Kainsmal endgültig von der Stirn der Deutschen getilgt
wird«. Aber Herzog focht das nicht an. Er hatte es nicht
nötig, solche Belehrungen entgegenzunehmen.

Als 26-jähriger Major der britischen Armee hatte er im
April 1945 zu den Befreiern des Konzentrationslagers Bergen-Belsen gehört. Nun, 42 Jahre später, stand er an derselben Stelle in der Südheide. Verzeihen und Vergessen habe

er nicht mitgebracht, aber er sei nicht aus immerwährender Feindschaft oder um lähmenden Hasses willen gekommen, sondern um die Abgründe der menschlichen Seele zu erkennen – »und uns über sie zu erheben«.

Der Besuch führte Herzog nach Berlin und Worms, jeweils von einem enormen Medienecho begleitet. Nach seiner Rückkehr nach Israel schrieb Herzog »dem lieben Freund« Weizsäcker einen bewegenden Brief: Man habe gemeinsam einen geschichtlichen Meilenstein gesetzt, der das Werk Ben Gurions und Adenauers fortgesetzt habe. Der Brief schließt mit der Bemerkung: »Ich weiß, dass dieser ganze Prozess nicht möglich gewesen wäre, wenn Sie nicht in der Position gewesen wären, die Sie bekleiden.«

Alte Feinde, neue Freunde

Auch bei späteren Staatsbesuchen Weizsäckers stand die Auseinandersetzung mit den nationalsozialistischen Verbrechen oft im Vordergrund. In allen Ländern, die unter der Herrschaft NS-Deutschlands gelitten hatten, wurde Weizsäcker als jemand willkommen geheißen, der die dunklen zwölf Jahre miterlebt hatte und dem man abnahm, dass er sich mit den Verbrechen und Verstrickungen ernsthaft auseinandergesetzt hatte. Immer wieder war dabei zu spüren, dass der ehrliche Blick in die Geschichte die Atmosphäre nicht belastete, sondern im Gegenteil erst die Voraussetzung dafür schuf, dass man sich dann – irgendwie befreit – den Zukunftsthemen auf der Agenda der Nationen zuwenden konnte. So war es in Norwegen, wo der 83-jährige König Olaf V. 1986 mit Weizsäcker das Denkmal »Das Nein des Königs« in Elverum besuchte. 46 Jahre zuvor war Olaf als Kronprinz an diesem Ort Zeuge gewesen, als sein Vater

Haakon VII. dem Abgesandten Hitlers mitteilte, dass Norwegen das Angebot zur Kollaboration mit NS-Deutschland ablchne. Dieses »Nein«, Stolz der norwegischen Nation, hatte einen hohen Preis: Einen Tag später begannen die deutschen Angriffe. Nun ein knappes halbes Jahrhundert später sagte Olaf an gleicher Stelle »Ja« zur Zusammenarbeit mit Deutschland, er sagte es gegenüber einem, der auch bei der Bombardierung Elverums am 11. April 1940 hätte dabei sein können.

Wie viele wissen im heutigen Deutschland wie sehr das kleine Luxemburg gelitten hat, nach dem es durch »Erlass des Führers« ins Deutsche Reich eingegliedert wurde? Mehr als 10 000 Luxemburger wurden zwangsrekrutiert, 3000 von ihnen kehrten nie zurück. Über tausend luxemburgische Widerstandskämpfer wurden exekutiert, insgesamt starben durch den Krieg 5259 Luxemburger, zwei Prozent der Gesamtbevölkerung des Jahres 1940. Weizsäcker stieß bei seinem Besuch im September 1988 auf eine besondere Bitterkeit der von Hitler Zwangsrekrutierten. Sie forderten von Bonn die Anerkennung als Opfer des NS-Regimes, nicht wegen der Entschädigung, sondern um jeden Verdacht abzuschütteln, sie hätten mit den Besatzern kollaboriert. Alle Bundesregierungen hatten genau diesen Opferstatus verweigert, weil er Ansprüche nach dem Bundesentschädigungsgesetz begründet hätte, dem zufolge aber Zwangsrekrutierungen kein typisch nationalsozialistisches Unrecht darstellten. Weizsäcker erklärte dazu auf entsprechende Fragen im Großherzoglichen Palais, dass für ihn unabhängig von formaljuristischen Erwägungen kein Zweifel bestehe, dass es sich im politischen und moralischen Sinn um Opfer handele. Darauf entschloss sich der luxemburgische Justizminister Robert Krieps zu einer bemerkenswerten Versöhnungsgeste. Gemeinsam mit Weizsäcker besuchte er – zum ersten Mal in seinem Leben – den vom Volksbund Deutscher Kriegsgräberfürsorge angelegten Soldatenfriedhof in Sandweiler, wo fast 5000 gefallene deutsche Soldaten bestattet sind. Diese Geste wurde überall in Luxemburg aufmerksam wahrgenommen.

Im April 1989 legte Richard von Weizsäcker einen Kranz am Mahnmal des dänischen Widerstandes in Mindelunden nieder. Weizsäcker hatte einen seiner engsten Freunde mitgebracht, Axel von dem Bussche, einen früheren Regimentskollegen, der dreimal an gescheiterten Attentatsversuchen gegen Hitler beteiligt war. Gemeinsam mit Bussche, dem Sohn einer dänischen Mutter, traf der Präsident mit überlebenden Widerstandskämpfern zusammen – an der Stelle, wo ihre Kameraden hingerichtet worden waren. Das Ereignis, undenkbar noch wenige Jahre zuvor, wurde in Dänemarks führender Zeitung *Berlinske Tidende* unter der Überschrift kommentiert: »Alte Feinde, neue Freunde«.

Man kann die Reihe fast beliebig fortsetzen: in Russland, Frankreich, England, Griechenland, Polen, Tschechien, Bulgarien – kurz: überall, wo NS-Deutschland gewütet hatte – kam es zu ergreifenden Erinnerungs- und in der Folge Versöhnungsgesten. Immer waren Zeitzeugen dabei, die sich dankbar zeigten für Anerkennung ihres Leids, aber eben auch für die Chance, nach so vielen Jahren einen Schritt auf den früher so verhassten Feind zugehen zu können. Die befreiende Kraft der Erinnerung war in diesen Jahren immer wieder zu spüren.

Dies sogar in Japan, das sich jahrzehntelang jeder Aufarbeitung der eigenen Verbrechen während der Zeit des Zweiten Weltkrieges verschlossen hatte. Weizsäckers Rede vom 8. Mai wurde in Tokio als Buch verlegt und diente Intellektuellen immer wieder als Beispiel dafür, wie sich ein Land seiner Geschichte offen stellen kann, ohne dabei

seine Ehre zu verlieren. In diesem Sinne richteten dreißig
bekannte japanische Autoren und Künstler Anfang Februar
1989 einen Brief an den Präsidenten, in dem sie ihm nahe-
legten, nicht an der für Ende des Monats geplanten Trauerfeier für den verstorbenen Kaiser Hirohito teilzunehmen. In
dem Schreiben wiesen sie auf die beeindruckende Ansprache zum Jahrestag des Kriegsendes hin, mit der Weizsäcker
sich zur Verantwortung der Deutschen bekannt habe. Der
japanischen Regierung fehle es an solchem Verantwortungs-
bewusstsein, vielmehr würde gerade in letzter Zeit wieder
verstärkt versucht, die Rolle des Tenno als Kriegsherr im
Zweiten Weltkrieg zu beschönigen.

Weizsäcker antwortete, dass jedes Volk sich seiner
Geschichte bewusst werden müsse, der Höhen und der Tiefen. Aber es sei ganz wesentlich die eigene Sache eines jeden
Volkes, wann und wie das geschehe. Er habe seine Rede
an die Deutschen gerichtet, sie gründe auf seinen persönlichen Erfahrungen als Deutscher. Mehr wolle, mehr könne
sie nicht leisten. Weizsäcker freute sich über den Brief der
japanischen Intellektuellen, hielt aber an seiner Absicht fest,
zusammen mit Hans-Dietrich Genscher an der Trauerfeier
für Hirohito teilzunehmen.

Die prägende Erfahrung des Krieges

Nicht allen gefiel Weizsäckers Dauerbeschäftigung mit der
deutschen Vergangenheit. In rechtsradikalen Kreisen avan-
cierte Weizsäcker nach der Rede vom 8. Mai zum Feindbild Nr. 1, eine Rolle, die bis dahin der »Vaterlandsverräter«
Willy Brandt unangefochten einzunehmen die Ehre hatte. In
den rechtsradikalen Blättern und bei der sogenannten Neuen
Rechten um die Zeitung *Junge Freiheit* ist immer wieder

der Vorwurf erhoben worden, in Wahrheit habe Weizsäcker damit nur die eigene Vergangenheit als Frontsoldat, Zeuge von Massenerschießungen von Juden und späterer Deserteur sowie die Untaten seines Vaters, Ernst von Weizsäcker, bewältigt, der sich bei den Kriegsverbrecherprozessen in Nürnberg von seinem Sohn Richard verteidigen ließ und trotzdem verurteilt wurde. Das deutsche Volk, so die These von Rechtsaußen, leide unter dem Präsidenten von Weizsäcker, weil er im Büßerhemd durch die Welt laufe, die Kollektivschuld der Deutschen propagiere – nur weil die Familie Weizsäcker selbst sich in der NS-Zeit angepasst und mitgemacht habe. Franz Schönhuber, Chef der rechtsradikalen Partei der »Republikaner«, die es immerhin in einige Landtage schafften, erklärte zum Beispiel am 4. April 1989 auf einer Pressekonferenz in Bonn, dass Weizsäcker ständig seinen Vater zulasten des Vaterlandes bewältige. Die Vorwürfe gipfelten in einer 250 Seiten starken rechtsradikalen Hetzschrift.

Warum das hier Erwähnung findet? Weil so infam wie gezielt verbreitete Angriffe zur Diskreditierung von Menschen selten ohne Breitenwirkung bleiben, auch wenn sie aus radikaler Ecke kommen. Zu gerne möchten Menschen Schlechtes über andere hören und denken, zumal über Persönlichkeiten, die scheinbar unangreifbar in der politischen Landschaft stehen. Nach dem Motto: Da muss ja etwas faul sein.

Der Vorwurf ist schon deshalb unsinnig, weil es beim Amtsantritt Weizsäckers auch nicht entfernt geplant war, die Aufarbeitung der NS-Zeit oder die Versöhnung mit den unter Hitler gelittenen Völkern zu einem Schwerpunkt zu machen. Im Gegenteil: Die Beschäftigung mit diesen Themen war wegen der Jahrestage und dem offenkundigen Bedürfnis nach historischer Orientierung und Konsens in der Bevölkerung und im Ausland naheliegend, vielleicht sogar zwingend. Hätte er nicht zum 8. Mai reden oder die Einladung ausschlagen sollen, zum Staatsbesuch nach Israel zu reisen? Weizsäcker sah bald, dass es Bedarf gab, zu Fragen der jüngeren Vergangenheit Stellung zu beziehen und damit einem Klärungsbedürfnis im In- und Ausland entgegenzukommen, und er begriff die Chance für sich selbst und sein Amt, in diesem Sinne wesentliche Beiträge für eine tragfähige, von der großen Mehrheit bis heute akzeptierte Interpretation zu liefern.

Wahr ist allerdings, dass Inhalt und Form der Reden und Reisen Weizsäckers, die von ihm verwendeten Gesten und Symbole durch seine sechsjährige Fronterfahrungen sowie die Arbeit als Hilfsverteidiger des Vaters in Nürnberg eine besondere Tiefe und Glaubwürdigkeit erhielten. Hinsichtlich seiner Auftritte und Redetexte hat er sich beraten und zuarbeiten lassen – letztlich aber wäre auch der beste Redenschreiber nicht fähig gewesen, eine Rede wie die zum 8. Mai für ihn zu schreiben. Der gewandteste und weltläufigste jüngere Politiker hätte in den Niederlanden oder in Polen nicht so auftreten können wie Weizsäcker – ein Mann der die Zeit, um die es ging, bewusst miterlebt hatte und sich schwer mit ihr trug.

In seinen Erinnerungen *Vier Zeiten* (1997) berichtet Richard von Weizsäcker ausführlich von seiner Zeit als Soldat. Am 1. September 1939 gehörte der 19-Jährige zu den ersten deutschen Soldaten, die mit ihrem Regiment die polnische Grenze überschritten. Gleich beim ersten Gefecht mit polnischen Truppen in der Tucheler Heide fällt sein Bruder Heinrich, einige hundert Meter von ihm entfernt. Weizsäcker hält die ganze Nacht über Totenwache: »Wer könnte die Empfindungen dieser Stunden beschreiben? Kaum hatte der Krieg begonnen, hatte mein Leben schon für immer geprägt; es war nie mehr dasselbe wie zuvor.«

Von 1941 an nahm Weizsäcker am Feldzug gegen die Sowjetunion teil, der ihn bis fast an die Moskauer Stadtgrenze führte. In den Jahren, in denen junge Menschen normalerweise studieren, in den Beruf hineinwachsen, Familien gründen, verbrachte er sechs Jahre in verschiedenen Funktionen und an verschiedenen Orten an der Ostfront. Nicht in den Memoiren zu lesen ist eine Begebenheit aus dem Herbst 1943, die der renommierte Frankfurter Politikwissenschaftler Iring Fetscher erzählt hat und die ein bezeichnendes Licht auf Weizsäcker wirft. Fetscher war Verbindungsoffizier zum Stab des Regiments gewesen, dem Weizsäcker angehörte: Dieser habe damals dem Stabszahlmeister, dessen Vater gerade wegen Abhörens feindlicher Rundfunksender hingerichtet worden war, zugerufen: »Nach dem, was geschehen ist, werden Sie Ihren Kopf nicht weiter für das Schwein (gemeint war Hitler) hinhalten wollen.« Weizsäcker hatte erreicht, dass der Zahlmeister in die Heimat zurückversetzt wurde. Fetscher fragte wenig später: »Warum müssen wir eigentlich weiter den Kopf für dieses Schwein hinhalten?« – Weizsäckers Antwort laut Fetscher: »Wenn wir den Engländern gegenüberstünden, könnte man über eine Lösung nachdenken, aber so?« Fetscher fügte seinem Bericht hinzu: »Vielleicht wusste Weizsäcker auch schon von dem geplanten Aufstand der Leute des 20. Juli, unter denen er zahlreiche Freunde hatte.«

Weizsäcker wusste davon, jedenfalls in groben Zügen. Seitdem sein enger Freund, der bereits erwähnte Axel von dem Bussche, im Herbst 1942 auf dem Flugplatz Dubno die grauenhafte Erschießung von mehreren tausend Juden durch die SS beobachtet hatte, waren die beiden sich endgültig darüber im Klaren, dass sich Hitler des Massenmordes schuldig machte. Von diesem Tag an hätten sie immer wieder überlegt, was zu tun sei. Einerseits war man sich einig, einem teuflischen Regime zu dienen, andererseits stand man in einer konkreten Verantwortung für Hunderte von Männern an der Front. Sollte man sie im Stich lassen? Wohin sollte man gehen? Sich hinrichten lassen in der Heimat oder in sowjetische Gefangenschaft ziehen? Wem wäre damit gedient? Außerdem hatten alle Angst vor einem Einmarsch der Russen in Deutschland. So kämpfte man weiter.

Als Axel von dem Bussche sich 1943 entschloss, anlässlich einer bevorstehenden Präsentation einer neuen Wehrmachtsuniform bei Hitler eine Handgranate zu zünden, um den Diktator und sich selbst zu töten, wusste Weizsäcker von diesem Plan, der dann jedoch misslang, weil der Eisenbahnwaggon mit den Uniformen bei einem Bombenangriff zerstört wurde.

Auch über die Pläne für das Attentat vom 20. Juli 1944 war Weizsäcker im Bild, sein Freund Fritz-Dietlof Graf von der Schulenburg, der »Rote Graf«, hatte ihn rund vier Wochen vorher eingeweiht. Für den Fall, dass die Befreiung von Hitler gelungen wäre, hatte Schulenburg, der am 10. August 1944 in Plötzensee hingerichtet wurde, den inzwischen 24-jährigen Weizsäcker als Mann eingeplant, auf den »Verlass« war. Weizsäcker berichtet in seinen Memoiren von den quälenden Diskussionen im Freundeskreis über den richtigen Zeitpunkt eines Attentats auf Hitler. Und er endet mit dem Satz: »Wir haben es nicht geschafft.«

Der inzwischen verstorbene Hermann Priebe, Professor der Agrarwissenschaften an der Universität Frankfurt, erinnerte sich an eine »lebensentscheidende Begegnung« mit Weizsäcker nach dem 20. Juli: Priebe war nach dem Attentat auf Hitler von der Gestapo verhaftet und monatelang im Zuchthaus in Berlin verhört worden. Schließlich wurde ihm angeboten, seine »persönliche Schande« durch einen Fronteinsatz wiedergutzumachen. So wurde er als Kanonenfutter ins Baltikum geschickt. Als er an der Front eintraf, war das Einsatzgebiet schon in der Hand der Russen, und die Gestapo forderte Priebe zurück. Priebe wartete auf den Marschbefehl. Der aber blieb aus. Der Regimentsadjutant von Weizsäcker hatte die Anforderung der Gestapo vernichtet. Priebe: »Ich könnte sagen, ich habe Richard von Weizsäcker mein Leben zu verdanken.«

Als der Krieg zu Ende war, hatte der damals 25-jährige Weizsäcker mehr erlebt, sich öfter bewiesen, Schlimmeres gesehen und erlitten, als andere in ihrem ganzen Leben. Natürlich prägten ihn diese Erfahrungen für immer, wurden sie Grundlage für seinen Charakter, seine Werturteile, seine Art, anderen Menschen zu begegnen.

Die Verteidigung des Vaters

Zu bewähren hatte sich Richard von Weizsäcker erneut, nachdem sein Vater Ernst von Weizsäcker im Sommer 1947 nach einer Zeugenaussage im Nürnberger Justizpalast unerwartet verhaftet worden war. Neben dem Verteidiger, dem 34-jährigen Anwalt Hellmut Becker, bestellte die Familie Weizsäcker den Göttinger Jurastudenten Richard zum Hilfsverteidiger. Schon die Anklage gegen den Vater – unter anderem wegen Beteiligung an allen Angriffskriegen – war bei den Alliierten durchaus umstritten. Winston Churchill nannte den Prozess gegen den früheren Staatssekretär (1938–43) und späteren Botschafter im Vatikan (1943–45) einen »tödlichen Irrtum«.

Bei diesem sogenannten Wilhelmstraßen-Prozess erhielt Richard von Weizsäcker eine vielleicht noch tiefer gehende Lebenslektion als zuvor im Krieg. Er nahm an einem beispiellosen historischen Seminar der Weltgeschichte teil, hatte als einer der ersten Deutschen vollen Einblick in die Akten, die den grausamen Völkermord an den Juden in allen Einzelheiten schilderten, lernte fast täglich neue Zeitzeugen kennen, mit deren Schilderungen er sich auseinanderzusetzen hatte. Über allem standen die Begegnungen mit dem geliebten Vater, dessen Lebensweg zwischen Widerstand und Mitwirkung unter dem Nationalsozialismus mit all den dazugehörenden Fragestellungen ein lebenslanges Thema Richard von Weizsäckers bleiben sollte.

Es war damals – wie am Ende jeder Diktatur – ein gängiges Entschuldigungsmuster, die Behauptung aufzustellen, man habe mit seiner Mitwirkung nur Schlimmeres verhüten wollen. Aber stimmte es nicht bei Ernst von Weizsäcker tatsächlich? Er hatte keine Illusionen hinsichtlich der Person und Politik Hitlers gehabt und nie ein Hehl aus seiner Abneigung gegenüber der nationalsozialistischen Ideologie gemacht. Aber er blieb im Auswärtigen Dienst, weil er hoffte, kriegsverhindernd und mäßigend auf den Kurs des »Dritten Reiches« einwirken zu können. Carl Friedrich von Weizsäcker, der berühmte Naturwissenschaftler und Philosoph, hat wie sein Bruder Richard die Motive des Vaters so verstanden: »Sein Anliegen, das ihn im Amt hielt, war, den Krieg zu verhindern. Hätte er, was möglich gewesen wäre, unter einem Vorwand aus dem Amt scheiden sollen? Er fühlte sich zum Gegenteil verpflichtet.«

Gegen die Pläne Hitlers, die Tschechoslowakei militärisch zu zerschlagen, setzte er – zum Teil sogar mit Geheimkontakten zu Diplomaten in Großbritannien und Italien – das Münchener Abkommen durch. Für fast alle Menschen im In- und Ausland galt es zunächst als große diplomatische Leistung. Selbst der britische Premier Chamberlain verkündete, München bedeute »Frieden für unsere Zeit«. Wer konnte damals ahnen, was heute alle wissen: dass das Münchener

Abkommen den Krieg nicht verhinderte, sondern nur um ein Jahr verzögerte, dass es Hitlers Ansehen im eigenen Land weiter festigte und das Ausland über seine wahren Absichten täuschte? Richard von Weizsäcker schrieb dazu 1983 in seinem Buch *Die deutsche Geschichte geht weiter*: »Niemand wusste am Ende genauer als mein Vater, dass und warum er gescheitert war. Dass er dann aber vor ein amerikanisches Kriegsgericht in Nürnberg wegen angeblicher Vorbereitung von Angriffskriegen gestellt wurde, war ein Irrsinn.«

In seiner Zeit als Staatssekretär musste Ernst von Weizsäcker Papiere über Deportationen von Juden aus besetzten Gebieten abzeichnen. Man mag zu Recht fragen: Auch wenn ein Protest aussichtslos gewesen wäre, hätte er nicht spätestens an dieser Stelle seinen Abschied nehmen müssen? Ernst von Weizsäcker selbst nannte das Versäumnis, zu protestieren oder seinen Abschied zu nehmen, später »unrühmlich«. Er habe sich eine Funktion zugetraut, die »im entscheidenden Moment über meine Kräfte ging ... Mit mehr Herz und mit mehr Fanatismus hätte ich es auf eine persönliche Katastrophe ankommen lassen, ja sie im richtigen Moment hervorrufen müssen«.

Als Botschafter im Vatikan versuchte er – wie auch zuvor als Staatssekretär –, jede Chance zu nutzen, vom NS-Regime verfolgte Menschen, vor allem Juden, zu retten. Der norwegische Bischof Berggrav bezeugte dem Staatssekretär und Botschafter, »dass er ein Mann ist, der immer dem Naziregime ebenso wie ich Widerstand geleistet hat, um einen Frieden herbeizuführen.« Er bezeichnete Ernst von Weizsäckers Haltung als »Widerstand durch Mitwirkung«.

Ernst von Weizsäcker wurde 1949 in Nürnberg zu sieben Jahren Haft verurteilt. Von den drei Richtern plädierte einer für Freispruch in allen Punkten. Noch vor der Einrichtung des allgemeinen Gnadenausschusses zur Überprüfung der

Nürnberger Urteile wurde er auf Anordnung des amerikanischen Hohen Kommissars John McCloy 1950 entlassen. Wenige Monate später verstarb er in Lindau.

Mit den Fragen der persönlichen Tragik seines Vaters und seiner eigenen Rolle als Verteidiger musste sich Richard von Weizsäcker immer wieder auseinandersetzen. Nicht nur Rechtsradikale kritisierten ihn dafür. Kurz vor der Auszeichnung Weizsäckers mit der Ehrendoktorwürde der Harvard-Universität am 10. Juni 1987 griff ein texanischer Professor den Präsidenten in einem Artikel an. Es entehre Harvard, den Sohn eines »verurteilten Nazi-Kriegsverbrechers« auszuzeichnen. Sein Sohn streite wie der Vater die Vorwürfe gegen diesen ab. Ein Rechtsgelehrter aus Harvard, Alan Dershowitz, sekundierte und kündigt eine Demonstration gegen Weizsäcker an, die jedoch nicht zustande kam. 20 000 Menschen spendeten bei der Verleihungszeremonie im Harvard-Garten Beifall. Zuvor hatten sich führende Vertreter der amerikanischen Juden eindeutig hinter Weizsäcker gestellt.

Bereits ein Jahr zuvor hatte der Herausgeber des *Spiegel*, Rudolf Augstein, den Bundespräsidenten in einem Essay dafür kritisiert, dass er seinen Vater nicht aus Kindesliebe, sondern »aus tiefer innerer Überzeugung« verteidigt habe. Weizsäcker antwortete in einem langen Brief am 31. Oktober 1986: »Es war wahrlich nicht der Wunsch meines Vaters, sich dem Regime zur Verfügung zu stellen, sondern in den Gang der Außenpolitik einzugreifen. Dieser Versuch ist gescheitert. Ich habe immer empfunden, dass ich allen Menschen nur wünschen kann, niemals in eine Lage zu kommen, in der er war; wenn aber, dann in ihr in derjenigen Tiefe des eigenen Gewissens zu leben, in der ich es bei ihm durch die Jahre hindurch miterlebt habe. Deshalb habe ich meinen Vater aus tiefer innerer Überzeugung verteidigt und werde es auch weiter tun.«

Weizsäcker hat sich mit allen diesen Fragen lange Zeit gequält, aber er hat sie für sich geklärt. Es gibt keine unbewältigten Vergangenheitskomplexe, die er auf dem Rücken der Deutschen austragen müsste. Sein Denken und Handeln ist von den Erlebnissen geprägt, die er in den Kriegs- und Nachkriegsjahren in der Auseinandersetzung mit den existenziellen Fragen von Demokratie und Diktatur, Widerstand und Mitwirkung machte. Wenn er etwa Verständnis und Sympathie äußert für die Männer und Frauen in der Grauzone zwischen Anpassung und Opposition in der DDR, wenn er sich gegen schnelle Urteile nach Aktenlage wendet und vor jeder Schuldzuweisung sich genau den Einzelfall anschaut und wenn er sich immer wieder in verschiedenen Situationen für Gnade und das Recht auf eine zweite Chance von verurteilten Menschen einsetzt – wie zum Beispiel bei der früheren RAF-Terroristin Angelika Speitel, die er 1989 gegen massive Proteste aus der CDU/CSU begnadigte –, dann hat das seine Ursache sicher auch in seinen in jungen Jahren gemachten Erfahrungen. Ist das zum Schaden der Republik gewesen?

3

Verantwortete Freiheit
statt Parteienstaat

Es gibt ein drittes Leitthema Richard von Weizsäckers: sein Verständnis von Freiheit und Demokratie, von Grundwerten und Tugenden – und demgegenüber seine Kritik am Parteienstaat, in dem die Parteien ihren Einfluss seiner Meinung nach weit über das vom Grundgesetz vorgegebene Maß hinaus ausgeweitet haben. Weizsäcker, der nicht in einer Partei, sondern durch den Deutschen Evangelischen Kirchentag politisch sozialisiert wurde, hat in diesen Fragen klar Position bezogen, sich mit allen Parteien angelegt und Stoff für viele Debatten geliefert. Es ist ihm damit zwar gelungen, die Sensibilität gegenüber der Ausbreitung des Parteieneinflusses zu stärken, allerdings musste er sich die Frage stellen lassen, ob er auf diese Weise – ungewollt – auch den in Deutschland traditionell verbreiteten, sehr vordergründigen und populistischen Ressentiments gegen politische Parteien Schubkraft verliehen hat. Oder war seine Kritik in Wahrheit in erster Linie gegen Helmut Kohl gerichtet, der ihm den Weg zur Kanzlerschaft verbaut hatte? Die kontroverse Debatte, die Weizsäckers Parteithesen folgte, hat an der Macht der Parteien zunächst wenig geändert. Allerdings hat sie zu verstärkten Anfragen der Bürger nach direktdemokratischen und zivilgesellschaftlichen Ergänzungen des Parteienstaates beigetragen.

Der Staat als Beute der Parteien

In einem Gesprächsbuch mit Werner Perger und Gunter Hofmann aus dem Jahr 1992 warf der Bundespräsident den Parteien in ungewöhnlich scharfer Form vor, *machtversessen* alles für den kommenden Wahlsieg zu tun, aber im Hinblick auf ihre inhaltliche und konzeptionelle Führungsaufgabe *machtvergessen* zu sein. Der Streit der Parteien untereinander sei nicht nur legitim, sondern auch notwendig und heilsam – allerdings nur unter der Voraussetzung, dass die Parteien die besseren Instrumente zur Lösung der Probleme blieben: »Stattdessen geschieht allzu oft das Umgekehrte, nämlich die Probleme zu instrumentalisieren, um die Ziele einer Partei gegen eine andere besser erreichen zu können.«

Weizsäcker will, so sagte er wiederholt, nicht auf Parteien verzichten, er will auch keine schwachen Parteien. Er hält es nur für eine Fehlentwicklung, dass sie sich in »jeder Ritze der Gesellschaft« betätigen, in den Medien, in der Justiz, in Kultur, Sport, kirchlichen Gremien und Universitäten. Lese man den Kernsatz des Grundgesetzes über die Parteien, nämlich dass sie bei der politischen Willensbildung »mitwirken« sollen, dann sei das ein klassisches Understatement. Vergleiche man diese Formulierung mit der Verfassungswirklichkeit, »dann kommen einem Tränen der Rührung, und bei anderen schwellen die Zornesadern«.

Das Gesprächsbuch wurde zum Bestseller. Es entstand eine anhaltende, zum Teil anspruchsvolle Debatte über die Präsidententhesen, die ihrerseits in zwei Büchern mündete. Nach »der Rede« nun »die Kontroverse«. Viel Lob, aber auch beißende Kritik, die, man muss es sagen, weit schärfer ausgefallen sein dürfte, wenn Weizsäcker nur Parteienkritiker und nicht auch Staatsoberhaupt gewesen wäre.

Der Münchner Politikwissenschaftler Kurt Sontheimer attestierte dem Präsidenten »Mut und Scharfsinn«, sein Bonner Kollege Hans-Peter Schwarz notierte erleichtert, dass die lange ungehört gebliebenen Parteienkritiker mit dem Bundespräsidenten endlich einen Verbündeten gefunden hätten. Der Psychoanalytiker Horst-Eberhard Richter lobte die »differenzierte Analyse«: »Recht hat er, murmeln dieser Tage Tausende, die den Bestseller lesen. Aber wie sollen wir etwas bewegen, sehen wir doch, wie ungerührt die Machtelite die Kritik ihres höchsten Repräsentanten wegsteckt? Oder sollte aus dem Parkett der Zuschauerdemokratie doch noch Empörung aufflammen – ein großes Aufbegehren gegen die Herrschaft einer arroganten, machtverliebten, kurzsichtigen Mittelmäßigkeit? An der Zeit wäre es.«

In der Tat: Die Parteien taten sich schwer mit der präsidialen Schelte. Die meisten Sozialdemokraten machten es sich leicht, zu leicht, indem sie Weizsäckers Kritik als Schelte an der CDU und vor allem an Helmut Kohl interpretierten. Grundsätzlicher ließ sich der damalige SPD-Fraktionschef Hans-Ulrich Klose ein, der die Weizsäcker-Äußerungen »Populismus von oben« nannte. Ob er heute, nach den Erfahrungen, die er noch mit seiner eigenen Partei sammeln sollte, genauso urteilen würde? Johannes Rau, damals Ministerpräsident von Nordrhein-Westfalen, wurde in seiner Kritik noch deutlicher: Weizsäckers Schelte sei »ungerecht«, angesichts der in Mode gekommenen maßlosen Parteienkritik benötigten die Politiker vielmehr »Ermutigung« für ihre schwere Arbeit.

In der Union war es nur Heiner Geißler, seit drei Jahren nicht mehr Generalsekretär, der den Präsidenten verteidigte: Er habe nichts dagegen, wenn eine »profunde Diskussion« über die Parteien begonnen werde, aus der Kritik Weizsäckers müssten Konsequenzen gezogen werden. Diplomatisch, aber doch letztlich ablehnend, äußerte sich Wolfgang Schäuble in einem *Zeit*-Interview: Der Anstoß des Präsidenten habe »sicher auch positive Wirkung«. Er vermisse aber wie Johannes Rau eine »Ermutigung« der Parteimitarbeiter. Leider seien auch Weizsäckers therapeutische Schlussfolgerungen »ausgesprochen dünn«.

Andere aus der Union warfen dem Präsidenten vor, mit seinen Äußerungen die von der Verfassung gezogenen Grenzen seines Amtes überschritten zu haben. Man wunderte sich über die präsidialen Thesen. Weizsäcker sei lange Jahre schließlich selbst Politiker gewesen. Warum er sich nun plötzlich so äußere? Anstatt sich inhaltlich auf die Auseinandersetzung einzulassen und das Pro und Contra zu erörtern, konterte man allein mit dem Vorwurf, dass Weizsäcker solche Äußerungen angesichts der zeremoniellen Gestaltung des Präsidentenamtes nicht zustünden.

Die CDU-Kollegen verkannten bei ihrer Schelte jedoch, dass Weizsäckers Parteienkritik keineswegs neu war, sondern er sie im Kern schon im März 1982, genau ein Jahrzehnt zuvor, in einem Vortrag bei der Robert-Bosch-Stiftung vorgetragen hatte. Damals war er Berliner Bürgermeister und, wenn man so will, aktiver Parteipolitiker. Die Kritik Weizsäckers war damals eher noch heftiger ausgefallen: Der Einfluss der Parteien habe sich »fettfleckartig« ausgebreitet und ihren Ruf begründet, sich »den Staat zur Beute zu machen«.

Weizsäcker konstatierte damals drei strukturelle Schwächen des Parteiensystems: Erstens die Bindung der Parteistrategien an den Wahlrhythmus, was eine konsequente Verfolgung langfristiger Ziele und Notwendigkeiten erschwere. Zweitens die Abhängigkeit von Meinungsumfragen. Anstatt den von den Menschen erwarteten Führungsauftrag anzunehmen, liefen die Parteien lieber den Stimmungen hinterher. Und drittens schließlich, ganz im Sinne seiner Äußerungen als Präsident, die Instrumentalisierung der Probleme zum Zweck des Machterhalts.

Den Kampf um die Macht beherrschten alle Parteipolitiker, einige beherrschten aber leider nichts anderes: »Je ernster das jeweilige Problem ist, desto gefährlicher wird es, wenn Parteien nicht die Probleme anpacken, sondern mit den Problemen als Munition nur auf den Gegner schießen.« Weizsäckers Rede bei der Bosch-Stiftung zeigt, dass er sich nicht etwa als Präsident selbstherrlich über die Parteien erhoben hatte. Es waren im politischen Alltag gewonnene Erfahrungen und gewachsene Einsichten über Mängel des Parteienstaates, die er nun als Präsident erneut vortrug.

Schon immer hatte sich Weizsäcker daran gestört, dass die Parteien, abgesehen von Ausnahmen auf der kommunalen Ebene, ein Monopol ihrer Parteimitglieder auf Mandatskandidaturen beanspruchten. Es ist ja wirklich so, obwohl es nirgendwo geschrieben steht: Wer in einen Land- oder den Bundestag oder ins Europäische Parlament einziehen möchte, der muss sich in die Entscheidungsgewalt von Parteigremien begeben. Parteilose haben so gut wie keine Chancen, ebenso Seiteneinsteiger (wenngleich gerade Weizsäckers Karriere das Gegenteil zu belegen scheint). Weizsäcker beklagte auch, dass die Parteien bei der alle fünf Jahre zusammentretenden Bundesversammlung zur Wahl des Bundespräsidenten mit Vorliebe bekannte Namen aus Wissenschaft, Kultur, Medien, Verbänden oder dem Sport nominieren. Dies tun sie umso lieber, je sicherer die Mehrheitsverhältnisse sind. Warum aber könne sich ein Kreis- oder Landesverband einer Partei nicht dazu durchringen, befähigte parteilose Bürger für eine Parlamentskandidatur zu gewinnen? Die Parteien gäben gigantische Summen aus, um im Volk die

eigene Qualität zu propagieren, billiger und wirksamer
wäre es, einige Ausnahmen von der üblichen Parteikarriere
zuzulassen. Da die Parteien viel zu selten Seiteneinsteigern
eine Chance böten, habe sich ein »berufspolitisches Funk-
tionärswesen« herausgebildet, eine Art öffentlicher Dienst
des Parlamentarismus.

In Frankreich mit den »grandes écoles« und in England mit Universitäten wie Oxford, Cambridge oder dem
King's College London gibt es nach Weizsäckers Urteil eine
Kultur, die nicht nur Fachwissen vermittelt, sondern auch
politische und gesellschaftliche Beteiligung und Qualifizie-
rung. So bilde sich eine Art Nachwuchskader, eine Elite
heraus, aus der das politische Führungspersonal rekrutiert
wird. Innerhalb dieser Gruppen herrsche strenger Wett-
bewerb, aber »dennoch kennt und versteht man sich als
Angehöriger einer Führungsschicht«. In Deutschland gebe
es nichts Vergleichbares. Keinem unserer Kanzler sei sein
politischer Aufstieg in die Wiege gelegt worden, wir seien
eine »Aufstiegsdemokratie«. Wir könnten eigentlich stolz
darauf sein – wenn bei uns nicht die politischen Parteien die
Funktion übernommen hätten, die politische Klasse heran-
zubilden. In Kurzform: In England führt der Weg zur staatlichen Macht über die Oxford Union, in Frankreich über
die ENA, in Deutschland über die Parteizentralen. Nur wer
die Parteien beherrscht, kann auch Kanzler werden. Dass
sei seit Konrad Adenauer immer so gewesen – mit der einen
Ausnahme von Helmut Schmidt, der darauf verzichtet hatte,
zugleich mit dem Amt des Kanzlers auch das des SPD-Vor-
sitzenden zu übernehmen (und bald erleben musste, was er
davon hatte). Helmut Kohl habe dieses System zur »höchsten Blüte« gebracht. Parteien seien aber, wie der Name
schon besage, nur »Teile des Ganzen«, nie das Ganze selbst.
All die angeführten Punkte zusammen ergeben schon eine

ziemlich fundamentale Kritik am Parteienstaat, wie er sich in Deutschland herausgebildet hat.

Aber läuft eine solch fundamentale Kritik nicht Gefahr, dass sie die alten, in vordemokratischer Zeit wurzelnden Ressentiments gegen Parteien und Parlamente in Deutschland bedient? Besonders ausgeprägt war die ablehnende Haltung in der Weimarer Republik, als auch intellektuelle Kreise – wie die Vertreter der »Konservativen Revolution« – von der »Schwatzbude« Parlament sprachen und so der Sehnsucht nach einem »Führer« in einem neuen »Reich« als beabsichtigte oder unbeabsichtigte Folge den Weg bereiteten. Schwächt man nicht durch Fundamentalkritik an den Parteien die Zustimmung zur Demokratie im Ganzen? Niemand unterstellte Weizsäcker, solches im Sinn zu haben. Oder doch? Man lese Norbert Blüms Polemik gegen Weizsäcker in der *Frankfurter Allgemeinen Zeitung* vom 20. August 1992 nach. Blüm kritisiert den »utopischen Geist« des Präsidenten, auch die Demokratie habe »Machtbedarf«. Man spürt geradezu die Wut Blüms, wenn er zur Verteidigung der politischen Klasse einen Seitenhieb austeilt: Die angeblich »machtvergessenen und machtversessenen Politiker« seien nicht »so leistungsschwach«, dass sie die Wiedervereinigung verschlafen hätten. Blüm sieht Weizsäcker in der geistigen Nähe zu Thomas Manns *Betrachtungen eines Unpolitischen* oder gar zu Wilhelm II., der keine Parteien, sondern nur noch Deutsche kennen wollte.

Weizsäcker hat sofort Verteidiger gefunden, so den SPD-Chefdenker Peter Glotz, der es begrüßte, dass Weizsäcker warnend und schrill das Dilemma der deutschen Parteiendemokratie beschworen habe. Er habe mit seinen Äußerungen andere Spitzenpolitiker gezwungen, sich mit dem Thema zu befassen. Im Unterschied zu Blüm glaubte Glotz, dass die Parteien in der Tat mehr Kompetenzen an sich gezogen hätten, als sie wahrnehmen könnten. Sei seien immer mehr zu Instrumenten der Aktivisten geworden, kaum noch »Resonanzboden des Volkes«.

Ich fand, dass beide Seiten wichtige Argumente vorgetragen hatten. Aufgrund meiner Erfahrungen und Überlegungen schrieb ich Weizsäcker, dem früheren Chef, einen langen Brief. Darin verteidigte ich die Politiker gegen verallgemeinernde Kritiken und griff diejenigen Bürger an, die sich bequem zurücklehnten, die Politiker bekrittelten, aber selbst zu wenig täten, um die Zustände zu verbessern. Der Präsident habe mit seiner Kritik in den meisten Punkten recht, aber sie sei nur die eine Seite einer Medaille. Die andere Seite: In der Tat fühlten sich viele Ehrenamtliche vor Ort angegriffen, die ihren Idealismus nicht gewürdigt sähen. An den Informationsständen in den Innenstädten würden sie beschimpft, obwohl sie dort – unentgeltlich – für ihre Überzeugungen den Kopf hinhielten. Auch die gewählten Vertreter in den Parlamenten seien zumeist besser als dargestellt, jedenfalls nicht generell medioker oder von der Macht korrumpiert. Sie verdienten sicher oft Kritik, bräuchten aber auch Zuspruch und Verteidigung des Präsidenten gegen allzu leichtfertige Kritiker, die doch nur die alten allzu populären Vorurteile bedienten und mit ihrer Kritik an den Parteien und Politikern in Wahrheit die Demokratie im Ganzen träfen.

Weizsäcker antwortete in einem Brief vom 18. Januar 1993: Er nehme meine Ausführungen gern als eine notwendige Ergänzung oder auch Korrektur seiner im Gesprächsbuch veröffentlichten Anmerkungen. Er fügte hinzu: »Es würde mich reizen, dies in einem Nachwort (zu der Debatte) gelegentlich zu erläutern.«

In einer Rede zur Würdigung der »Weißen Rose« in München am 15. Februar 1993 sprach er dann in der Tat eine

Art Nachwort zu der von ihm selbst ausgelösten Parteien-
kontroverse. Ohne seine Kritik zurückzunehmen ergänzte er
sie, indem er manche Argumente der Kritiker aufnahm: »Im
vergangenen Jahr wurde Politikverdrossenheit zum Wort
des Jahres erklärt. Aber das ist in Wahrheit ein Unwort, entstanden aus alten Missverständnissen und heutigen Schwächen. Es trägt dazu bei, dass die einen Politik machen, die
anderen sich mit Verdrossenheit begnügen. Es versteht die
Politik als Monopol der gewählten Akteure. Und die Verdrossenheit wird von den Laien, den Bürgern beansprucht,
mit der sie sich resigniert und privatisiert zurückziehen. Wer
Grund hat, sich zu ärgern über das Verhalten von Personen,
Parteien und Organisationen, denen es um die Macht geht,
der soll sich der Politik zuwenden, anstatt ihr verdrossen
den Rücken zu kehren. Parteien bieten mit ihrem Verhalten
Anlass zur Kritik. Letztlich zielt sie aber an die Adresse der
Bürger selbst, wenn diese sich an der Praxis der Politik in
ihrem Umfeld zu wenig beteiligen.«

Der Einmarsch der Parteien in Ostdeutschland

Dafür, dass Weizsäcker seine alten Auffassungen als Präsident nun erneut vortrug, gab es einen einfachen Grund:
die Abscheu, die er angesichts des von ihm so bezeichneten
Einmarsches der Westparteien in Ostdeutschland als Folge
der Revolution von 1989 empfand. Nach der Freude über
den Fall der Mauer kam nach Auffassung des Bundespräsidenten allzu schnell die »Stunde westlicher Macht«, wie er
es in seinen Erinnerungen formulierte. Seine Mahnung aus
der Ansprache in der Gedächtniskirche, nicht »mit unserer
Tür drüben ins Haus zu fallen«, war verhallt. Dies zeigte
sich aus Sicht des Präsidenten nicht zuletzt an den vier

Wahlkampffeldzügen, welche die DDR »auf dem Weg zur ihrer Ehemaligkeit« durchleben musste. Weizsäcker räumt ein, dass es verständlich war, das viele im Osten sich nun Parteien und Personen zuwandten, die ihnen jetzt am meisten Hilfe und Erfolg versprachen und dank ihres Sitzes an den Schalthebeln der Bundesmacht am einflussreichsten erschienen.

Wie sehr ihm der »Einmarsch der Westparteien« innerlich zuwider war, spürte man in jeder seiner Einlassung, die schließlich auch in seinen Memoiren reflektiert wurden. Die »Wahlkampfinvasion nach der Tonart des Westens« habe, so ließ er sich vernehmen, tiefgreifende Nachwirkungen erzeugt. Als Beleg nennt Weizsäcker den Bürgerrechtler Konrad Weiss, der die ungenutzten Chancen der Ostdeutschen wiederholt beklagt hatte. Weiss sah in den Wahlkämpfen nach dem Fall der Mauer die »Stunde der Machtbesessenen« gekommen. Die westdeutschen Parteien seien über das Land hereingebrochen und hätten alles unter sich begraben. Weizsäcker zitiert Weiss ausführlich in wörtlicher Rede,: »Der Raubzug der Parteien mag machtpolitisch ein genialer Streich gewesen sein, auf die Moral in Deutschland wirkte er verheerend.« Weizsäcker stellte anheim, diese Auffassung zu teilen oder auch nicht…

Die Strategie der Wahlbewerber allerdings nannte er unzweideutig »charakteristisch für unser westliches Parteienwesen«. Man kann getrost davon ausgehen, dass die Art und Weise, wie die ihm sehr sympathischen direktdemokratischen Experimente, vor allem die Demokratie der »Runden Tische«, nach kurzer Zeit durch die Übernahme der Regeln und Methoden des westlichen Parteienkampfes ersetzt wurden, ihm gehörig gegen den Strich gingen.

Bärbel Bohley zum Beispiel teilte diese Auffassung: »Die westlichen Politiker haben, auch aus Angst vor Neuem und

Unbekannten, lieber mit den alten Blockparteien und dem jeweiligen östlichen Abklatsch ihrer eigenen Partei als mit der Bürgerbewegung über die Aufgaben der deutschen Einheit nachgedacht. Die etablierten Parteien wollten keine Prüfung, keine andere Fragestellung und keine neuen Lösungen. Alles sollte so weitergehen, wie man es im Westen gewohnt war. Es gab genug Parteimasse im Osten, die man ruhig mal eine Weile hätte gären lassen sollen. Stattdessen ist sie gleich in dem alten Parteienbrei verknetet worden.« Wurde nicht tatsächlich nach dem Fall der Mauer allzu schnell der Versuch gemacht, die (partei-)politische Ordnung im Osten nach dem Bild des Westens – und nur danach – zu schaffen? Wolf Lepenies hat in diesem Sinne mit Blick auf die Lage nach dem 9. November von der »Folgenlosigkeit einer unerhörten Begegnung gesprochen«.

Weizsäcker und Kohl: Aus Freunden werden Gegner

Weizsäcker aber musste wissen, dass er sich mit seinen Äußerungen im Lager der Union keine Freunde machen würde. Im Gegenteil, der zitierte Beitrag Blüms zeigt es, unverhohlene Wut machte sich breit. CDU und CSU betrachteten den Wahlsieg 1990 mit großem Stolz. Hatte die Union nicht mit ihrem Kurs die staatliche Vereinigung durchgesetzt und mit dem Kanzler der Einheit an der Spitze einmal mehr Geschichte geschrieben? Warum freute sich Weizsäcker nicht einfach mit? Gönnte er Helmut Kohl seinen historischen Erfolg nicht? War er missmutig, dass er als Präsident bei der Vereinigung nicht handeln, sondern nur zuschauen konnte? In diese Richtung zielte auch ein Artikel Augsteins im *Spiegel*, der Weizsäcker vorwarf, seine Parteienkritik nur aus frustriertem Ehrgeiz formuliert zu haben.

Ein wenig schuld an diesem zu erwartenden Gegenangriff war Weizsäcker selbst. Er hatte es nämlich nicht lassen können, seinem Frontalangriff gegen die Parteien noch eines draufzusetzen, was allgemein als deutlicher Schlag gegen Helmut Kohl gewertet wurde: »Bei uns ist der Berufspolitiker im Allgemeinen weder ein Fachmann noch ein Dilettant, sondern ein Generalist mit Spezialwissen, wie man politische Gegner bekämpft.«

Selbst wenn er damit eine generelle Kritik am Politikertypus seiner Zeit formulieren wollte, so musste ein im Umgang mit Worten und Wirkung unübertroffener Meister wie Weizsäcker wissen, dass dieser Satz als direkter Angriff auf den Kanzler gewertet werden würde. Die eher theoretische Parteienkritik erhielt plötzlich eine Personifizierung, einen Idealtypus. So verstand es jedenfalls die Deutsche Presseagentur, die Weizsäckers Parteienschelte auf diesen Satz zuspitzte und damit den Tenor der folgenden Medienberichte und Kommentare prägte: Das allgemeine Verdikt über den Parteienstaat treffe niemanden mehr als den seit zehn Jahren regierenden Kanzler und Chef der Regierungspartei.

Der Verfasser dieses Buches war damals junger Bundestagsabgeordneter. Er erinnert sich an die wütenden Blicke, die ihm, dem früheren Weizsäcker-Mitarbeiter, zugeworfen wurden, als die Agenturmeldung während einer Fraktionssitzung bekannt wurde. Ich war in diesem Moment der Einzige, an den sich die Kollegen mit ihrem Unmut wenden konnten. Die ARD-Tagesthemen kommentierten am 16. Juni 1992: »Käuflich erwerben wird Kohl die Philippika des Bundespräsidenten wohl kaum, aber schäumen wird er.« Die Titelgeschichte des *Spiegel* lautete: »Der Abkanzler«.

Es wäre aber falsch zu glauben, dass Weizsäcker seine Parteienschelte in erster Linie unternahm, um dem Regierungschef eines auszuwischen. Angesprochen fühlen sollten sich alle Parteien. Es ging um den Zustand der Demokratie. Ein sozialdemokratischer Intellektueller, Norbert Seitz, brachte das im *Freitag* auf den Punkt: »Wer nur eine Fehde gegen Kohl vermutet, sollte zunächst einmal seiner Partei den Spiegel vorhalten. Kohls gibt es schließlich in jeder Partei, nur weniger erfolgreich.« Auch SPD-Enkel hätten genügend Grund, am Beispiel von Funktionärswirtschaft und Listenunwesen nachzudenken.

Aber Kohl zog sich den Schuh an. Am 19. Juli 1992 schlug er in der *Welt am Sonntag* zurück. Dabei zeigte er Weizsäcker seinen ganzen Unmut dadurch, dass er ihn nicht einmal namentlich erwähnte. Als Vorsitzender der CDU und Kanzler wisse er, Kohl, dass er seine Stellung letztlich dem Vertrauen und dem unermüdlichen Engagement unzähliger Menschen verdanke: »Alle, die in höchsten Staats- und Parteiämtern stehen, sollten sich dies immer wieder bewusst machen.« Kohl monierte ferner eine »pauschale Herabsetzung« der Parteien, die er aus Weizsäckers Worten las, eine Art kollektiver Beleidigung der rund zweieinhalb Millionen Parteimitglieder und der Hunderttausenden von ehrenamtlichen Lokal- und Kommunalpolitikern. Kohl: »Bequem ist diese ehrenamtliche Arbeit nur selten: Sie findet in der Freizeit statt, bringt häufiger Nachteile gegenüber denen mit sich, die sich nur auf den Beruf konzentrieren. Der persönliche Vorteil liegt meistens in der inneren Befriedigung darüber, etwas für das Gemeinwesen zu tun.« Dass es Spannungen zwischen Weizsäcker und Kohl gab, war allen aufmerksamen Beobachtern der politischen Szene in jenen Jahren klar geworden. Zum ersten Mal wurde hier die Kontroverse sichtbar – und dann gleich in beträchtlicher Schärfe.

Den meisten in der Union sprach Kohl aus dem Herzen. Verdankte nicht auch Weizsäcker sein hohes Amt dem

Engagement Tausender Parteimitglieder und der Wahl durch Abgeordnete, die er jetzt pauschal beschimpfte? Er hatte doch auf dem Weg zur Spitze sich der Strukturen der Partei auf allen Ebenen bedient. Nun, oben angekommen, mit Verachtung nach unten zurückzuschauen – das erschien nicht wenigen als charakterlos. Hätte Weizsäcker nicht den Schutz seines Amtes gehabt, so wäre eine Welle der Empörung über ihn hereingebrochen. Auch wenn er in der veröffentlichten Meinung und bei den Bürgern ganz offenkundig mit seinen Thesen Anklang fand: Die Union war enttäuscht. Statt Dankbarkeit und erhoffter Unterstützung kamen Querschüsse aus der Villa Hammerschmidt! Vor allem der Kanzler war ohne Zweifel verärgert, sogar persönlich verletzt. Er, Kohl, war es doch gewesen, der Weizsäcker entdeckt und gefördert hatte. Den er in den Bundestag geholt, an seinen Reisen beteiligt, dem er sein Ohr geliehen hatte. Der Zögling und Ratgeber wäre ohne seine Protektion niemals Bundespräsident geworden!

Es ist wahr: Weizsäcker war zwar schon 1954 der CDU beigetreten, hatte sich aber entschieden, zunächst eine Familie zu gründen und eine Karriere in der Wirtschaft – zuerst bei Mannesmann, dann bei einem Essener Bankhaus und schließlich bei Boehringer Ingelheim – zu beginnen. Auch wurde er Kirchentagspräsident. Erst 1969, mit 49 Jahren zog er in den Deutschen Bundestag ein. Und es ist auch wahr: Niemand anderes als der damalige rheinland-pfälzische Ministerpräsident Helmut Kohl war es, der Weizsäcker zunächst vergeblich für die Bundestagswahl 1965 geworben, dann aber für eine Kandidatur im Jahr 1969 gewonnen hatte. Aber musste Weizsäcker deshalb ewig dankbar sein, war Kritik an Kohl deshalb nicht erlaubt?

In seinen Erinnerungen beschreibt Weizsäcker Kohl als einen Politiker, der in den sechziger Jahren die CDU für einen

liberalen Geist öffnen wollte, um sich damit auch, völlig
legitim, selbst bundespolitisch als Parteiführer zu empfehlen.
Über seine erste Begegnung mit Kohl schreibt Weizsäcker:
»Sein umwegloser Anmarsch auf sein Ziel und seine freundschaftliche Offenheit beeindruckten mich. Er wusste genau,
dass meine bisherigen Äußerungen nicht fugenlos in manche
der damaligen CDU-Positionen passten, aber darin sah er
offenbar eher einen Gewinn. Ebenso wenig konnte ich ver-
kennen, dass es bei der CDU ein Interesse gab, als einen ihrer
Bundestagskandidaten den Präsidenten des Evangelischen
Kirchentages zu gewinnen.« Mit anderen Worten: Während
Kohl stets glaubte, dass er mit seinem Angebot Weizsäcker
die einmalige Chance zum Aufstieg verschafft habe und
deshalb Anspruch auf Gefolgschaft besitze, sah Weizsäcker
die Angelegenheit genau anders herum. Der Pfälzer und die
Union mussten ihm dankbar sein, dass er sich für sie – und
nicht für eine andere Partei – engagierte.

Ohne Zweifel war es dieses Verständnis, das Weizsäcker
immer wieder die Kraft gab, gegen den Strom der Meinungen in der eigenen Partei zu steuern und seinen eigenen Weg
zu gehen. Weizsäcker wurde so zum Gegenbild des Partei-
soldaten. Wer Loyalität einforderte, wie Rainer Barzel, der
1972 eine Rede Weizsäckers im Bundestag zur Unterstützung seines Misstrauensvotum in dem Wissen erbat, dass
Weizsäcker von der Aktion nichts hielt, der hatte die Chance
auf Gehör. Wer dagegen Gefolgschaft erwartete oder gar
Gehorsam verlangte, der biss bei Weizsäcker auf Granit. Bei
aller Verbindlichkeit und einer eher auf Harmonie denn auf
Streit angelegten Persönlichkeit konnte Weizsäcker dann
auch wirklich giftig werden, schneidend und seinerseits
verletzend.

Und war es denn wirklich so, dass Weizsäcker das Präsidentenamt Kohl oder der CDU verdankte? Im Gegenteil: Für

die Wahl 1974, als Walter Scheel zum Bundespräsidenten gewählt wurde, hatte er sich als aussichtsloser Zählkandidat zur Verfügung gestellt, im Vorfeld der Bundesversammlung 1984, als klar war, dass der Unionskandidat auch gewählt würde, wollte Kohl ihn nicht mehr. Er begründete dies damit, dass Weizsäcker damals vielen als Regierender Bürgermeister von Berlin unersetzbar erschien, hatte also einen durchaus nicht abwegigen Grund für seine Bedenken. Weizsäcker aber war nicht bereit, sich als Schachfigur von Kohl hin- und herschieben zu lassen. Er hielt an seiner Kandidatur fest und wurde schließlich nicht wegen, sondern trotz Kohl Bundespräsident. Die damalige Auseinandersetzung, ein wirklicher Gigantenkampf, habe ich als Mitarbeiter Weizsäckers aus engster Nähe mitverfolgt.

Am 26. Oktober 1983 erschien in der *Bonner Rundschau* ein Aufmacher mit der Überschrift: »Kanzler will Albrecht als Bundespräsident«. Da der Verfasser, Peter Quay, als enger Vertrauter des Kanzler-Mitarbeiters Eduard Ackermann galt, war unbedingt davon auszugehen, dass die Schlagzeile durch Äußerungen aus dem Kanzleramt gedeckt war. Der Kanzler suchte nach wochenlangen quälenden Debatten endlich die Entscheidung und präsentierte erstmals eine Alternative: den niedersächsischen Ministerpräsidenten Ernst Albrecht. Aber Weizsäcker war zur Gegenwehr entschlossen. Am selben Abend fand im Berliner Olympiastadion das Fußball-Länderspiel Deutschland–Türkei statt, zu dem sich Kohl mit seiner gesamten Entourage angesagt hatte. Das war gut so, denn im Vorfeld der Begegnung hatte es Drohungen ausländerfeindlicher Gruppen gegeben, mit Gewalt gegen Türken vorzugehen. Aus Solidarität hatten Kohl und Weizsäcker Wochen zuvor beschlossen, das Spiel zu einem sichtbaren Zeichen der Solidarität und der deutsch-türkischen Freundschaft zu nutzen.

Ich saß an diesem kühlen Herbstabend in unmittelbarer Nähe von Kohl und Weizsäcker, direkt neben Kohls engster Mitarbeiterin Juliane Weber. Der Kanzler und der »Regierende« begannen sofort zu streiten. Keiner auf der Ehrentribüne wagte sich in ihre Nähe. Weizsäcker zog eine Kopie des Artikels von Quay aus der Tasche und forderte von Kohl ein Dementi. Er lasse sich nicht reinlegen, erst vor zwei Tagen im CDU-Präsidium habe Albrecht erklärt, er stehe nur zur Verfügung, wenn Weizsäcker verzichte. Er denke aber nicht daran, die Kandidatur hinzuwerfen, und Kohl wisse das. Der schnaubte nur vor sich hin. Nach Anpfiff des Spiels schwiegen sich die beiden für den restlichen Abend an. Volker Skierka von der *Süddeutschen* fragte mich anschließend, über was sich beide so intensiv unterhalten hätten. Natürlich über die Mannschaftsaufstellung, gab ich zurück, wohl wissend, dass der Journalist es besser wusste.

Weizsäcker entschied den Kampf um die Präsidentschaft schließlich für sich. Kohl musste unter dem Druck der Öffentlichkeit und nach der Weigerung Albrechts, gegen Weizsäcker anzutreten, einlenken. Es war eine ernste Auseinandersetzung gewesen, die erste, die Weizsäcker »gewonnen« hatte. Damit hatte er sich von Kohl emanzipiert. Nach dieser Episode wurde das Verhältnis zwischen den beiden Männern nie mehr, wie es zuvor gewesen war, immer wieder kam es zu Konflikten, die sich lange im Rahmen hielten, dann aber in der Kontroverse um den Parteienstaat eskalierten.

Dabei war die Beziehung zwischen dem Machtmenschen Kohl und dem Vordenker Weizsäcker lange eine sehr fruchtbare, fast freundschaftliche gewesen. Sie hatten sich über Jahre sehr gut ergänzt. In der Deutschland- und Ostpolitik hatten beide, jedenfalls meistens, an einem Strang gezogen. Weizsäcker war von Kohl mit der Leitung der CDU-Grundsatzkommission für den CDU-Bundesparteitag 1978 beauftragt worden, und auch während der ersten Amtszeit Weizsäckers hatte man – trotz gelegentlicher Meinungsverschiedenheiten – ein gutes grundsätzliches Einvernehmen gepflegt. In regelmäßigen Abständen traf man sich zum Frühstück in der Villa Hammerschmidt oder machte einen Spaziergang im Park zwischen dem Amtssitz des Präsidenten und dem Palais Schaumburg. Wenn sich Missverständnisse aufgetürmt hatten und die Mitarbeiter beider Chefs diese nicht ausräumen konnten, dann sagten sich beide die Meinung.

Weizsäcker war nach solchen Begegnungen nicht selten sehr aufgeräumt. Er schätzte Kohl, ja er bewunderte sogar die Eigenschaften Kohls, die er ganz offenkundig nicht oder in geringerem Maß besaß, namentlich den unbedingten Machtwillen, dem Kohl alles unterordnete. Weizsäcker fand oft, dass Kohl ihn stützte, manchmal auch gegen die Mehrheitsmeinung in der Union. So war es zum Beispiel, als Weizsäcker sich 1989 entschied, die frühere RAF-Terroristin Angelika Speitel zu begnadigen. Das wurde in der Unionsfraktion heftig kritisiert, der Kanzler aber stellte sich hinter den Präsidenten.

Eines allerdings hasste Weizsäcker wie die Pest: wenn Kohl ihm den Eindruck vermittelte, er *benutze* ihn. Weizsäcker wollte Partner sein, nicht eine Art Edelmitarbeiter. Das Problem bestand darin, dass Kohl immer dazu tendierte, alle Mitstreiter auf allen Ebenen als seine Mitarbeiter zu betrachten, die im Ernstfall zu spuren hatte. Früher oder später musste das mit dem persönlichen Selbstverständnis Weizsäckers und dem hohen Amt, das er versah, kollidieren.

Es war keineswegs aufgesetzt, sondern kam von Herzen, was Weizsäcker bei der offiziellen Feier zu Helmut Kohls 60. Geburtstag am 3. April 1990 ausführte: »In den Annalen ist verzeichnet, dass der Jahrgang 1930 nicht besonders lieblich ausgefallen ist, sondern stahlig. Für die CDU/CSU ist er von einer wahrhaft berstenden Fruchtbarkeit. Mit seiner glücklichen Natur und seinen reichen Gaben, mit seiner Zuversicht und Energie möge Helmut Kohl alles zum Besten gelingen. Ich wünsche ihm in alter persönlicher Freundschaft, und ich wünsche ihm als unserem Bundeskanzler von Herzen gutes Gelingen.« An diesem Tag zeigte sich noch einmal, ein letztes Mal, Einvernehmen und Vertrautheit zwischen beiden. Bis dahin konnte man sagen: Kohl und Weizsäcker, das hat etwas von einer Hassliebe. Gegensätze, die sich anziehen, eigentlich ein Traumdoppel für die Republik.

Die unterschiedlichen Auffassungen in Fragen des Weges zur inneren Einheit und zur Rolle der Parteien wertete Kohl zunehmend als Angriff auf seine Person, was – unabhängig von der sachlichen Beurteilung der Einzelfragen – aus seiner Sicht auch verständlich erscheint. Lange hatte der Pfälzer ertragen müssen, von den Medien als rücksichtsloser Machtmensch dargestellt, in Witzen verhöhnt und mit der »Lichtgestalt« Weizsäcker verglichen zu werden. Er hatte es ausgehalten, nicht zuletzt auch, weil er den Vorteil für das Ganze sah: Irgendwie federte Weizsäcker die Kohl'sche Machtausübung gegenüber unionskritischen Kräften ab und machte sie sogar für eindeutig linke Intellektuelle erträglich. Dann aber entwickelte sich Weizsäcker aus Sicht Kohls immer mehr zum Störfaktor. In dem Moment, in dem der Präsident auch in Fragen, die Kohl für sich als zentral wichtig ansah (Einheit und Parteien), eigene Wege ging, begann er sich zu wehren. Und wenn sich Kohl wehrt, dann richtig. So wurde es frostig zwischen beiden.

Schließlich war es die Haltung Weizsäckers im Spendenskandal im Jahr 2000, die das Fass endgültig zum Überlaufen brachte. Weizsäcker, schon seit sechs Jahren nicht mehr Präsident, griff Kohl scharf an. Kohl habe für den

Ausgleich des materiellen Schadens bei der CDU gesorgt, die für die unter Kohl geführten »schwarzen Kassen« Strafe zahlen musste. Das sei zu begrüßen. Aber er müsse auch für die Aufklärung der Vorkommnisse, zu der der Staat nach Gesetz und Recht verpflichtet sei, durch notwendige Auskünfte beitragen. Und dann, hammerhart: »Das wäre hilfreicher, als sich unter Berufung auf eine private Moral in der Gestalt eines gegebenen ›Ehrenwortes‹, welches die Ehre des Mittäters ist, dagegen zu sträuben.« Und dann wieder der Bezug zum alten Thema: »Es ist an der Zeit, Staatsdienst endlich unterscheidbar vor Parteidienst zu stellen. Das Vertrauenskapital der Bürger hängt davon ab.«

Danach hat es keinen Kontakt mehr zwischen Weizsäcker und Kohl gegeben. Einige Jahre später, bei einer Weihnachtsfeier der CDU/CSU-Bundestagsfraktion im Berliner Hotel Intercontinental, verließ Weizsäcker den Saal mit einem kleinen Umweg in Richtung des Tisches, an dem Kohl mit einigen alten Vertrauten beisammensaß. Ganz offenkundig verspürte er das Bedürfnis einen Weihnachtsgruß austauschen. Kohl, der Weizsäcker kommen sah, drehte sich demonstrativ weg. Alle seither unternommenen Bemühungen gutwilliger Vermittler, das Verhältnis zu reparieren, blieben erfolglos. Das wird wohl so bleiben – und vielleicht ist das letztlich auch besser, als eine künstliche Versöhnung herbeizuführen, die doch nur oberflächlich wäre. Das haben beide nicht nötig. Manchmal muss ein persönlicher und politischer Konflikt eben einfach ungelöst bleiben. Das hinderte Weizsäcker aber nicht, sich von Herzen zu freuen, als Kohl nach längerer Krankheit zum 20. Jahrestag des Mauerfalles zusammen mit Bush und Gorbatschow an einer Veranstaltung bei der Konrad-Adenauer-Stiftung in Berlin teilnahm: Diesen Auftritt habe er doch verdient, sagte er mir einige Tage danach.

Weizsäcker und Strauß: Aus Feinden werden Partner

Mit dem anderen Granden der Union, mit Franz Josef Strauß, lief es genau umgekehrt. Hier war das Verhältnis am Anfang katastrophal und wurde dann im Laufe der Jahre stets ein wenig besser. Strauß war zunächst alles an Weizsäcker fremd: seine adlige Herkunft, seine Konfession, seine Liberalität, seine deutliche Abneigung gegen jede Form des populistischen Polterns. Er verübelte Weizsäcker seine zustimmende Haltung zur Ostpolitik Brandts. Weizsäcker galt ihm als unsicherer Kantonist. Walter Henkel, der frühere Korrespondent der *Frankfurter Allgemeinen Zeitung*, hat dem Verfasser vor Jahren eine Aufzeichnung zukommen lassen, aus der die Abneigung des »FJS« gegen Weizsäcker deutlich hervorgeht:

»Wir saßen, eine Jagdgesellschaft, im Hotel Waldfrieden im Hunsrück. Es war der 13. Dezember 1974. Jagdherr war der Ministerpräsident Helmut Kohl. Wenn man genau hinschaute, waren es lauter feine Leute, mit einer gebündelten Menge an Herrschaftswissen und Macht, die am nächsten Tag im verschneiten Winterwald auf Schalenwild jagen wollten. Außer Kohl, Weizsäcker, Bernhard Vogel und Kurt Biedenkopf waren alle Jäger: Gerstenmaier, Höcherl, Hanns Martin Schleyer, Ewald von Kleist, Friedrich Zimmermann, Stücklen, Kiep, Heinz Schwarz, Hasselmann und Strauß.

FJS, muss man sagen, hat altbayerischen Charme und sitzt dort wie ein Renaissancefürst. Wir trinken Wein, nach einer Stunde kommt Bier. Er hat es gewünscht. Es ist vollkommen unerforschlich, wie er von jetzt an in seinem Element ist. Gut, denkt man, dass hier keine Fernsehkamera läuft. Die Apfelbacken sind dunkelrot... Gegen Mitternacht hat er, mit Verlaub, den Kanal voll. Er nimmt jeden frontal an. Alle erfahren, was sie für Dummköpfe, Schwachköpfe und Schafsköpfe sind. In diesem kompakten Menschen sitzt ein Schuss Genialisches. Wir Älteren denken an Heinrich George in seinen besten Rollen. Und: Bier auf Wein! Man müsse doch wissen, sagt er grölend, wer er sei und was er wolle. Die CDU sei ein Scheißverein. Volltrunken nimmt er dann Richard von Weizsäcker an: Weizsäckers Vater sei ein Nazi gewesen, 1948 sieben Jahre Haft im Nürnberger Wilhelmstraßen-Prozess; und von Bruder Carl Friedrich, dem berühmten Physiker, der 1942 in Straßburg Rektor der Universität wurde, habe man noch seine Antrittsrede. Weizsäcker nimmt Vater und Bruder energisch in Schutz. Ob Herr Strauß wisse, dass der Vater die Engländer vor Kriegsausbruch vor den aggressiven Absichten Hitlers gewarnt habe? ... Es ist etwas über die Maßen Widerliches, wie Strauß sich gehen lässt. Man befand sich an einem Punkt, wo man sagte: Mein Gott, Franz Josef!«

Wer würde sich angesichts dieser Episode darüber wundern, dass das Verhältnis zwischen Strauß und Weizsäcker auch in den Folgejahren kühl blieb, was naturgemäß auf die CSU insgesamt ausstrahlte. Erst mit Weizsäckers unerwartetem Wahlsieg 1981 bei den Wahlen zum Abgeordnetenhaus in Berlin und seiner erfolgreichen Amtsführung im Schöneberger Rathaus begann Strauß allmählich, Weizsäcker zu respektieren. Hatte er ihn unterschätzt? In der Ministerpräsidentenkonferenz kam es einige Male zu einer konstruktiven Zusammenarbeit, man traf sich beim »Lieblingsitaliener« des bayerischen Ministerpräsidenten in München. Man liebte sich nicht, aber man lag nicht mehr in einer Dauerfehde. Strauß hatte im Übrigen alle Hände voll zu tun, sich gegen den immer mächtiger werdenden Kanzler, in dem er seinen Meister gefunden hatte, zu behaupten. Den entscheidenden Schritt zu einer echten Partnerschaft tat dann Strauß. Weizsäcker hatte auf dem

Höhepunkt der Debatte über die Nachfolge von Bundespräsident Karl Carstens den amtierenden Bundesratspräsidenten Strauß nach Berlin zu einem Antrittsbesuch eingeladen. Er hatte Signale erhalten, dass Strauß bereit sein könnte, die monatelange Hängepartie mit einer Erklärung zugunsten Weizsäckers zu beeinflussen. Einen »Antrittsbesuch« eines Bundesratspräsidenten hatte es noch nie gegeben, schließlich wird dieses Amt jedes halbe Jahr nach einem festen Rotationssystem zwischen den Ministerpräsidenten automatisch verliehen. Aber ein »Antrittsbesuch« bot die Möglichkeit, den Bayern mit allen protokollarischen Ehren in Berlin zu empfangen. Es wurde ein kleiner Staatsbesuch, an dessen Ende Strauß davon überzeugt war, dass Weizsäckers ein gutes Staatsoberhaupt abgeben würde. Als erster Spitzenpolitiker sprach sich der bayerische Ministerpräsident auf einer improvisierten Pressekonferenz im Oktober 1983 im Rathaus Schöneberg für Weizsäcker aus. Wahrscheinlich machte er es mehr, um Kohl zu ärgern, als um Weizsäcker zu erfreuen. Aber er machte es – und entschied damit de facto das Rennen um die Präsidentschaft. Nun konnte Kohl nicht mehr anders.

Es lagen Welten zwischen den Strauß-Tiraden gegen Weizsäcker im Jahr 1973 und dem Einvernehmen 1983 in Berlin. Auch Weizsäcker entdeckte an Strauß neue Seiten. Im berühmten *FAZ*-Fragebogen hatte dieser Old Shatterhand und den jungen Werther als seine liebsten Romanhelden genannt und Gutmütigkeit seinen Hauptcharakterzug. Weizsäcker fand, dass die Antworten »ein Genuss« waren. Am meisten beeindruckte ihn die Antwort auf die Frage, was er hätte sein mögen. Strauß hatte geantwortet: deutscher Reichskanzler 1932...

Das neue, von gegenseitigem Respekt getragene Verhältnis bewies ein Brief, den der Bayer am 15. April 1985 zu Weizsäckers 65. Geburtstag verfasste: »Auch in Bayern haben wir Sie aufgrund ihrer herausragenden Persönlichkeit und Ihrer vorbildlichen Leistungen ins Herz geschlossen. Für die große Mehrheit der Bürger sind Sie die Idealvorstellung des Staatsoberhauptes, umfassend gebildet und redegewandt, geistreich und trotzdem lebensnah, auf Ausgleich bedacht und doch nicht konfliktscheu.«

Sogar frotzeln konnten die beiden inzwischen. Strauß bezeichnete Weizsäcker in einem ZDF-Interview einmal leicht ironisch als »Meister des Wortes und Liebling der Medien«. Weizsäcker schenkte kurze Zeit später Strauß eine in Leder gefasste Ausgabe der Aphorismen Lichtenbergs und versah sie mit der Anmerkung: »Ich schenke Ihnen das Werk eines wahren Meisters des Wortes und wünsche Ihnen die Kraft, auch in Zukunft nicht zu sehr Liebling der Medien zu sein.«

Erst nachdem die »Republikaner« bei den bayerischen Landtagswahlen im Oktober 1986 über drei Prozent der Stimmen erhalten hatten, kühlte sich das Verhältnis wieder ab. Strauß war nervös geworden, suchte Schuldige und war bestrebt, die rechtsradikale Partei durch markige Parolen in Schach zu halten. Rechts von der CSU dürfe sich keine ernst zu nehmende Kraft bilden, die Union müsse die nationalkonservativen Wähler ernster nehmen, es gelte mehr Kante gegenüber dem politischen Gegner zu zeigen. Wer eignete sich da besser zum Feindbild als Rita Süßmuth, Heiner Geißler, Manfred Rommel oder Richard Weizsäcker? Plötzlich standen Vorwürfe im Raum, Weizsäcker habe sich bei seinem Staatsbesuch in England in unpatriotischer Weise für den Kampf der Briten gegen Deutschland bedankt, seine 8.-Mai-Rede sei zu einseitig gewesen, Weizsäcker habe nach dem Super-GAU im Atommeiler von Tschernobyl populistisch auch die Kernenergie in Deutschland infrage gestellt und habe – unverzeihlich – Außenminister Genscher bei seinem Staatsbesuch in Ungarn im Gespräch mit János Kádár als eine in sich bereits »vertrauenbildende Maßnahme« bezeichnet.

Die Medien interessierten sich sofort für den sich anbahnenden Streit. Mainhardt Graf Nayhauß schrieb in *Bild*, dass sich gegen Weizsäcker in der Union etwas zusammenbraue, der *Spiegel* sah »Weizsäcker im Visier«. Vor diesem Hintergrund kam es im November 1986 zu einem Gespräch zwischen Strauß und Weizsäcker in der Villa Hammerschmidt. Der bayerische Regierungschef hatte sich dazu ein Dossier von seinen Mitarbeitern erstellen lassen und begann – polternd und ausfallend – die einzelnen Punkte abzuarbeiten. Weizsäcker biedere sich bei den Grünen, überhaupt beim politischen Gegner an, seine Arbeit sei nicht überparteilich, sondern richte sich gezielt gegen die Union. Weizsäcker unterbrach Strauß. Es sei skandalös, wie er hier auftrete. Er habe nicht vor, sich diesen Ton gefallen zu lassen. Wenn er so fortfahren wolle, sei er für eine Beendigung des Gesprächs. Strauß solle sich bessere Mitarbeiter suchen, sie hätten ihm nur »Mist« aufgeschrieben. Das Gespräch verlief laut und hitzig. Erst gegen Ende des Gesprächs fand Strauß zur Liebenswürdigkeit zurück. Es sei doch gut, dass man auch kontrovers miteinander diskutieren könne. Er freue sich auf seinen nächsten Besuch bei seinem Staatsoberhaupt.

Wahrscheinlich dachte Weizsäcker nicht zuletzt an diese Begegnung, als er bei der Trauerfeier für Franz Josef Strauß am 7. Oktober 1988 ausführte: »Keinem Konflikt wich er aus. Er sah im Kampf den besten Weg, die Geister zu scheiden, Positionen zu klären, die Verantwortlichkeiten zuzuweisen. Wie kaum ein anderer erregte er die Menschen. Niemandem ließ er einen Ausweg, gleichgültig zu bleiben. Damit trug er entscheidend zu Anschaulichkeit und Lebendigkeit der Politik bei... So robust und Zorn erregend er oft wirkte, so konnte er doch wahrhaft liebenswürdigen Charme entfalten. Jedes Gespräch mit ihm war ein Gewinn, nach vorangegangenen Meinungsverschiedenheiten umso mehr. Er wirkte unter uns mit der Kraft eines Naturereignisses. Die deutsche Geschichte der Nachkriegszeit verzeichnet in jedem Kapitel seinen Namen.«

Ein verhinderter Kanzler?

Helmut Kohl merkte im Frühjahr 2000 einmal an, dass er kein politisches Leben außerhalb der CDU kenne. Die Partei war seine Familie und seine Heimat, hier war er sozialisiert worden, sie hatte sein Leben bestimmt, alles wurde dem untergeordnet. Seine tiefe emotionale Bindung zur CDU ist der Dreh- und Angelpunkt zum Verständnis des Menschen und Politikers Helmut Kohl. Hier, genau hier, liegt der große Unterschied zwischen beiden Politikern.

Weizsäcker hatte im Laufe der Jahre den Umgang mit den führenden Leuten in der CDU, auch mit der Parteibasis gelernt. Er kannte sich aus, wusste sich sicher zu bewegen, glänzte in Wahlveranstaltungen und erzielte auf Parteitagen über viele Jahre hinweg stets die besten Ergebnisse bei der Wahl in den Bundesvorstand. Auch als er 1983 erstmals für das Präsidium der CDU antrat, erreichte er zum Erstaunen aller Beobachter auf Anhieb die höchste Stimmenzahl. Dennoch: Die Partei war nicht seine Welt. Er war kein Kind der CDU. Als Rainer Barzel ihm 1971 anbot, Generalsekretär der CDU zu werden, lehnte er ab. Ziel seines politischen Engagements war von Anbeginn eine führende staatliche, keine parteipolitische Aufgabe. Die Partei war ein Mittel zum Zweck, aber anders als für Kohl keine Heimat. Für ihn gab es sehr wohl ein politisches Leben außerhalb der Union. Und: Weizsäcker war nie begeistert von der eigenen Partei, sie war für ihn immer nur das geringste aller Übel.

Ist Weizsäcker deshalb Präsident und Kohl Kanzler geworden? Wünschte sich Weizsäcker im Geheimen, vielleicht auch nur im Unterbewusstsein, dem Parteienstaat zu entfliehen, was ihm nur als Präsident, niemals als Kanzler gelänge? Nach seiner Zeit als Präsident jedenfalls ging er nicht wie etwa seine Vorgänger Walter Scheel und Karl Carstens zu »seiner« Partei zurück, wurde nicht Ehrenvorsitzender, nahm nicht an Gremiensitzungen teil, unterstützte keine späteren Wahlkämpfe und Kanzlerkandidaten. Er ließ im Gegenteil erklären, dass er seine Parteimitgliedschaft weiter als »ruhend« betrachte. Einmal Präsident, immer Präsident. Er hatte die Überparteilichkeit im Amt nicht gespielt, er hatte sie gelebt. Er war da, wo er sein wollte, genoss in allen Lagern großes Ansehen. Warum sollte er das aufgeben? So überwies er auch nach dem Ende seiner Präsidentschaft keine Parteibeiträge, was ihm in der Union bis heute schwer verübelt wird. Auch sein Hinweis, dass er regelmäßig – etwa in Höhe der Beiträge – an das Unionhilfswerk in Berlin spende, kann die Gemüter nicht besänftigen. »Je nun«, sagt er achselzuckend, »da kann man nichts machen.«

Weizsäcker zahlte für diese parteiskeptische Haltung einen Preis. Er wurde nicht Bundeskanzler. Niemand sage, er habe das Amt nie gewollt. Man kann sicher sein, dass er eine sich bietende Chance zur Kanzlerschaft gerne und mit ganzer Kraft ergriffen hätte. Aber es gab in seiner Zeit schlichtweg keine Chance. Kohl war ja da. Deswegen wurde Weizsäcker Präsident. Er traute sich das Amt des Regierungschefs ohne jeden Zweifel zu. Das tun übrigens alle, die in dieser Etage mitspielen. Und alle halten sich im Zweifel für den besseren Kanzler. Warum sollte Weizsäcker da anders gestrickt sein? Er war ein sehr erfolgreicher Regierender Bürgermeister – warum hätte er nicht mit den gleichen Fähigkeiten Regierungschef für das ganze Land werden können?

Weizsäcker war der eindeutig bessere Redner, er konnte im Ausland gewandter auftreten, beherrschte zwei Fremdsprachen, er war ein ausgezeichneter Administrator – wieso hätte er ein schlechterer Kanzler werden sollen als Kohl? Von Peter Glotz stammt der Satz, dass Weizsäcker neben Franz Josef Strauß die einzige wirkliche Alternative gewesen sei, die das konservative Lager in zwanzig Jahren zu Helmut Kohl hervorgebracht habe.

Ein Grund für die wachsenden Spannungen zwischen Kohl und Weizsäcker dürfte auch die Tatsache gewesen sein, dass der Pfälzer den zwar sorgsam verborgenen, aber doch hier und da zum Vorschein kommenden und nicht gestillten Ehrgeiz Weizsäckers spürte. Könnte es sein, dass Kohl gegen Ende der siebziger Jahre Weizsäcker vor allem deshalb antrug, in die Berliner Landespolitik zu gehen, weil er auf diese Weise einen Bonner Konkurrenten loswerden konnte? Berlin galt als kaum gewinnbares Himmelfahrtskommando, hier würden Weizsäcker bald die Grenzen aufgezeigt. In der Opposition in Bonn hingegen punktete der bei den Medien beliebtere Weizsäcker ständig mit klugen Beiträgen. Sollte es bei der nächsten Bundestagswahl wider Erwarten nicht klappen, hatte Kohl mit ihm zu rechnen.

Und was wäre gewesen, wenn Helmut Kohl, inzwischen als Kanzler sicher im Sattel, 1983 wie geplant Ernst Albrecht zum Präsidenten gemacht hätte? Voraussichtlich hätte Weizsäcker die Berliner Abgeordnetenhauswahl 1985 mit einem grandiosen Ergebnis gewonnen. Vielleicht wäre er es dann gewesen – und nicht Lothar Späth –, der den Anfang 1989 ungeliebten Kohl herausgefordert hätte? Durchaus vorstellbar, dass Weizsäcker es geschafft hätte, denn damals, vor dem Fall der Mauer, traute kaum jemand Kohl einen erneuten Wahlsieg zu. Denkt Weizsäcker manchmal über solche Fragen nach? Er wird es in jedem Fall abstreiten.

Wäre Weizsäcker ein guter Kanzler geworden? Das Zeug dazu hatte er in jedem Fall. Dass er nur zum Schöngeist und Schönredner, zum nachdenklichen Utopisten, zum vornehmen Zauderer tauge – dieses Klischee hatten seine Gegner vorausschauend etabliert. Wahr ist daran wenig. Richtig ist allerdings, dass Weizsäcker es auf Dauer schwer gehabt hätte, die Unterstützung der eigenen Partei auch dann noch zu erhalten, wenn es ihr etwas zuzumuten galt.

Hätte Richard Weizsäcker aus der historischen Chance 1989/90 mehr und Besseres gemacht als Helmut Kohl? Das erscheint möglich, ist aber naturgemäß nicht zu beweisen. Außenpolitisch ging Weizsäcker, wie gezeigt, mit Kanzler und Außenminister völlig konform. Hinsichtlich der Herstellung der inneren Einheit bleibt die Frage, ob Weizsäckers Alternativweg realistisch war, nämlich die beiden deutschen Staaten zunächst konföderativ zu verbinden, dann die Einheit wachsen zu lassen und sie schließlich einer Volksabstimmung zu stellen. Gab es diese theoretisch gut vorstellbare Chance wirklich? Oder gehörte es nicht untrennbar zum außenpolitischen Zwei-plus-Vier-Prozess dazu, auch die innere Einheit mit Tempo und Entschlossenheit, durchaus unter Inkaufnahme von unerwünschten Nebenwirkungen, voranzutreiben?

Weizsäcker hat öffentlich nie Klage geführt, dass er die Chance zur Gestaltung im entscheidenden Moment nicht hatte. Ohne Zweifel hat er das Amt des Präsidenten gern ausgefüllt. Aber es liegt eine gewisse Tragik darin, dass ein Mann mit seinem begnadeten Talent vielleicht nie ganz zeigen konnte, was er wirklich kann.

Grundwerte und Tugenden

Vielleicht war Weizsäcker einfach zu spät Parteipolitiker geworden. Aber es zog ihn, wie gesagt, zunächst nicht in die Politik, vielmehr begann er seine berufliche Karriere in der Wirtschaft. 1953 heiratete er Marianne von Kretschmann. Bald kam der erste Sohn, drei weitere Kinder sollten folgen. Erst als die familiäre und berufliche Grundlage gelegt war, war Weizsäcker offen für politisches Engagement.

Den Anstoß, sich zu engagieren, gab der Gründer und langjährige Präsident des Evangelischen Kirchentages, Reinhold von Thadden-Trieglaff, der die Bitte an Weizsäcker herantrug, sein Nachfolger zu werden. 1964 wurde Weizsäcker schließlich von einer gesamtdeutschen Präsidialversammlung seiner Kirche in Ost-Berlin (!) zum Präsidenten gewählt. Auf seinem ersten Kirchentag kam es ein Jahr später in Köln zu einem Schlüsselerlebnis: Der bereits greise, fast blinde Kardinal Frings gab zur Eröffnung im Dom-Museum einen Empfang. Er sprach aber nicht ein bei solchen Anlässen übliches Grußwort, sondern trug aus dem Gedächtnis eine Bibelarbeit über die Worte aus dem Galaterbrief des Apostel Paulus vor, die als Losung dem Kölner Kirchentag zugrunde lagen und die Weizsäcker – wie einleitend dargestellt – ein Vierteljahrhundert später in seiner ersten Rede an die wiedervereinten Deutschen in der Berliner Gedächtniskirche zitierte: In der Freiheit bestehen. Die Ansprache des Kardinals sei »packend« gewesen, erinnert sich Weizsäcker. Direkt neben ihm standen Konrad Adenauer und der große alte Mann der Bekennenden Kirche, Martin Niemöller, die sich, nachdem Frings geendet hatte, umarmten.

In der Freiheit bestehen – das bedeutet, dass sie verantwortlich gestaltet werden muss. Im protestantischen Verständnis Weizsäckers ist sie dem Menschen von Gott gegeben. Es liegt an ihm, was er daraus macht: Es geht in erster Linie nicht um Freiheit *von* etwas, sondern um Freiheit *zu* etwas – nämlich zur zivilisatorischen Gestaltung von Gesellschaft, Staat und Wirtschaft. Nicht bequem abseits stehen, sich in der privaten Nische einrichten, sondern mitmachen, sich engagieren und zumindest das eigene Umfeld prägen. Dabei bedeutet diese Forderung keineswegs unbedingt, nicht einmal in erster Linie ein Engagement in einer Partei. Vielmehr gibt es, so Weizsäcker unzählige Möglichkeiten zur Mitarbeit: in Kirchen, Gewerkschaften, Bürgerinitiativen, in der Schülermitverwaltung oder im Studentenparlament, in der Jugendvertretung eines Unternehmens, in Arbeitsgemeinschaften, im Sport oder in der Alten- und Pflegearbeit. Von dem Gemeinsinn, der dieses vielfältige Engagement erzeuge, lebe die Demokratie.

Weizsäcker beklagt, dass der Bundestag nur noch selten der Ort ist, an dem die entscheidenden Fragen der Zeit offen und kontrovers debattiert werden. Die großen parlamentarischen Auseinandersetzungen, wie er sie in den Debatten des Bundestages über Westbindung und Wiederbewaffnung, die Ost- und Deutschlandpolitik, die Verjährung von Völkermord, über Berlin oder Bonn als Regierungssitz oder über den Paragrafen 218 und die Gentechnologie so vorbildlich erlebt hatte, würden immer seltener. Eigenständige und unabhängige Persönlichkeiten, die frei und überraschend formulieren könnten, gehörten weitgehend der Vergangenheit an. Die Talkshows im Fernsehen hätten die Parlamentsdebatten abgelöst, hier gehe es nur noch selten um die besten Konzepte, sondern um oberflächliche Schaukämpfe in Sachen Aussehen oder Schlagfertigkeit. In Wahlkämpfen würden die eigentlichen Zukunftsprobleme kaum thematisiert und zudem glichen sich die Parteien immer stärker an, verlören Profil und Erkennbarkeit, nicht dagegen ihren unbedingten Willen zur Macht. Die Gladiatorenkämpfe der Parteipolitiker würden bestenfalls noch unterhalten, eine Anziehungskraft zum Engagement ginge nicht davon aus. Mit verantworteter Freiheit habe das alles nichts zu tun.

Erforderlich ist seiner Meinung nach vor diesem Hintergrund die Ergänzung der repräsentativen Demokratie mit stärkeren Elementen der direkten Demokratie, und das auf allen Ebenen. Weizsäcker hatte sich nach dem Fall der Mauer eine Volksabstimmung über ein reformiertes Grundgesetz und die Wiedervereinigung gewünscht, auch heute setzt er sich für Volksbefragungen und Volksabstimmungen auf Bundesebene ein, ebenso wie für die Direktwahl des Bundespräsidenten.

Schon in seiner Zeit als CDU-Politiker hatte er sich im Bundesvorstand seiner Partei und im Bundestag als Reformer und Vordenker einen Namen gemacht. Als Vorsitzender der CDU-Grundsatzkommission zeichnete er verantwortlich für die Debatte und Verabschiedung des Ludwigshafener Grundsatzprogramms von 1978. Wichtig war ihm, das »C« im Namen der CDU nicht als Exklusivanspruch auf christliche Gesinnung zu missbrauchen. Die Bibel sei kein Rezeptbuch für den politischen Alltag, gute Christen gebe es in allen Parteien. Das »C« bedeute vielmehr einen (hohen) Anspruch an die eigene Partei, an Solidarität und Gerechtigkeit, das Engagement für die Bewahrung der Schöpfung, an verantwortete Freiheit... Wer das Menschenbild, das dem »C« zugrunde liegt, ernst nehme, der wisse um die Begrenztheit und Fehlbarkeit der Menschen, »die allzumal Sünder seien«, und um die Relativität von Wahrheit. Insofern folgt aus dem »C« für ihn die Achtung vor dem Nächsten, die Toleranz gegenüber dessen Ansichten. Hier berührt sich Weizsäckers Denken aus der Zeit beim Kirchentag mit jüngeren Überlegungen, etwa seiner Beschäftigung mit dem

Kritischen Rationalismus eines Karl Popper, den er in den achtziger Jahren einige Male traf und den er, man kann es so sagen, verehrte. Die Absage an alle geschlossenen Denksysteme, an Ideologien und religiöse Fundamentalismen, wie sie Popper formulierte, gleichzeitig sein Plädoyer für eine offene Gesellschaft mit einem Diskurs über Einsichten, die stets neu zu prüfen und weiterzuentwickeln sind – das entsprach seiner Gedankenwelt. Nicht den Himmel zu versprechen, sondern die Hölle zu verhindern, nicht die Menschen zu beglücken, sondern nach dem kleinsten Maß an vermeidbarem Leid zu trachten, das sind Popper'sche Ideen, die nahtlos in das Weltbild des Protestanten Weizsäcker passen. In seiner Hinwendung zu Popper entsprach Weizsäcker ganz dem von ihm wahrscheinlich am meisten geschätzten deutschen Politiker, Helmut Schmidt. Dieser habe den Pragmatismus Poppers mit der Ethik Kants und Hans Jonas' verbunden.

Mit Helmut Schmidt hatte Weizsäcker 1977 den sogenannten Grundwertestreit ausgetragen, der damals viel Furore machte. Schmidt hatte erklärt, Grundrechte und Grundwerte seien »ganz verschiedene Dinge«. Der Staat habe die Grundrechte zu schützen, für die Grundwerte dagegen sei er nicht zuständig, diese seien Sache der Gesellschaft. Der Staat sei nicht Träger eines eigenen Ethos. Weizsäcker hielt dagegen: Es sei zwar richtig, dass nur der totalitäre Staat sich anmaße, das Wahre, Gute und Schöne zu verordnen. Aber das Grundgesetz habe sich – im Gegensatz zur Weimarer Reichsverfassung – nicht auf eine liberale Regelung des Umgangs miteinander beschränkt, sondern sich zu Grundzügen eines Menschenbildes, zu ethischen Werten und zu einem inhaltlich bestimmten Demokratiebegriff bekannt. Alle Staatsorgane hätten diese im Recht selbst enthaltenen Werte zu wahren.

Weizsäcker findet heute, dass die damalige Kontroverse, die in der öffentlichen Wahrnehmung unentschieden ausging, etwas künstlich gewesen ist. Ein Streit um Grundwerte führe nicht sehr weit, denn über die abstrakten Grundwerte gebe es kaum noch Dissens. Viel wichtiger sei es – da ist er dann eben wieder nahe bei Helmut Schmidt –, sich über Pflichten und Tugenden zu verständigen. Weizsäcker hatte sich sehr über den Satz Oskar Lafontaines erregt, der Schmidt 1982 nach dessen Aufzählung zentraler wichtiger Tugenden vorgeworfen hatte, dies seien »Sekundärtugenden«, mit denen man auch ein KZ führen könne. Ein solches Verständnis hielt Weizsäcker für »alarmierend«. Freiheit in Staat und Wirtschaft könnten nur Bestand haben, wenn es gelänge, dauerhaft eine Verständigung über die menschlichen Tugenden und Pflichten zu erreichen. Genau dies meint er, wenn er von der Aufgabe spricht, in der Freiheit zu bestehen.

In seiner Würdigung der Tugenden kommt seine große Bewunderung für Friedrich den Großen und das Preußen vor 1871 zum Ausdruck. Aufklärung (ein wenig aufgeklärter Absolutismus wohl auch …), die Zuwendung zur Kunst, Literatur und Musik, zum Rechtsstaat und zu Reformen, getragen von umfassender Bildung und Offenheit gegenüber anderen Kulturen und Sitten, gefestigt durch eine klare Vorstellung von Form, Takt, Anstand, Ehre, Treue, Pflicht, Opferbereitschaft, Familiensinn und Mitmenschlichkeit, vor allem immer geprägt durch ein Gefühl für Maß und Mitte – das ist die Welt, in der er mit seiner Familie lebt, denkt und fühlt. Wenn heute die Frage gestellt wird, was Bürgertum bedeutet – in Richard von Weizsäcker hat es seinen idealen Vertreter.

Eine »Zivilisierung der Freiheit« hat Weizsäcker seit seiner Tätigkeit bei Mannesmann in den fünfziger Jahren stets auch für den Bereich der Wirtschaft gefordert. Hätte man doch nur seinen frühen Mahnungen gelauscht, Freiheit in

der Wirtschaft sei mehr als der Kampf jeder gegen jeden;
auch sie bedürfe der »zivilisatorischen Kraft«. Die Zivilisation lasse sich nicht auf einen Sozialdarwinismus abma-
gern. In den Augen Weizsäckers beruht der wirtschaftliche
Erfolg der Bundesrepublik gerade auf der sozialen Marktwirtschaft. Wer den Markt aushebeln und Gewinnstreben
verdächtigen wolle, der schwäche die Leistungsfähigkeit
des Gemeinwesens und gefährde die Versorgung der Bevölkerung. Wenn aber der Wirtschaft kurzfristiger Gewinne
wegen das soziale Gefüge gleichgültig sei, gefährde sie auf
Dauer den eigenen Erfolg: »Der Unternehmer handelt in der
Sache klug, wenn er sich für die Fragen des Gemeinwohls
öffnet. Der ehrbare Kaufmann ist kein ethischer Sonderling,
sondern einer, der seine Interessen versteht.«

Grenzenlose, rücksichtslose, egoistisch interpretierte
Freiheit gefährdet die Freiheit. Freiheit muss zivilisatorisch
durch Strukturen eingehegt werden, die den Gemeinsinn
hervorkehren, die Kräfte der Freiheit zum Wohle aller nutzen. Noch wichtiger als solche Strukturen aber ist in der
Freiheitsphilosophie Weizsäckers das persönliche Verhalten
der Menschen. Es geht eben nicht um die Freiheit, »sich
selbst zu leben«, zu privatisieren und sich dabei auf die
eigene (politische) Verdrossenheit zu berufen, sondern es
geht, laut Weizsäcker, um »die Freiheit zur Beteiligung und
zur Mitverantwortung«. In Sophie Scholl, von der Wider-
standsgruppe »Weiße Rose« sieht Richard von Weizsäcker
die von ihm geforderte Haltung vorbildlich verkörpert. Sie
vereint für ihn beispielhaft einen unbeugsamen Geist und
ein mitfühlendes Herz. Schon der Psalmist, da schließt sich
der Kreis, habe um ein reines Herz und einen neuen, gewissen Geist gebeten. In der Freiheit zu bestehen, darin liege
die entscheidende Herausforderung an unsere zukünftige
Zivilisation und an die Courage der jungen Generation.

Ein unpolitischer Präsident?

Am 23. Mai 1984 wurde Richard von Weizsäcker mit 832 von 1017 Stimmen von der Bundesversammlung zum sechsten Präsidenten der Bundesrepublik Deutschland gewählt. Fünf Jahre später erhielt er 881 von 1022 Stimmen in der ersten gesamtdeutschen Bundesversammlung: 84,9 Prozent! Kein Präsident vor oder nach ihm erzielte bessere Ergebnisse. Sie zeigen die enorme Zustimmung, die Weizsäcker in allen Lagern genoss. Solch große Einmütigkeit herrschte nicht nur unter den Delegierten in der Bundesversammlung, es gab sie genauso in der Bevölkerung. Laut einer Infas-Umfrage vom März 1989 sprachen sich 87 Prozent der CDU/CSU- und 92 Prozent der FDP-Wähler, 80 Prozent der SPD-Anhänger und immerhin 67 Prozent der Sympathisanten der Grünen für eine zweite Amtszeit Weizsäckers aus. Dies demonstriere, so der Historiker Manfred Görtemaker, die Konsensfähigkeit der politischen Kräfte selbst in Zeiten großer tagespolitischer Differenzen.

Der große Zuspruch für den Bundespräsidenten führte aber, zumeist unausgesprochen, auch zur Kritik. Weizsäcker sei nur deshalb so populär, weil er oft zu beliebig sei, jede Position mit Toleranz bedenke und sich stets mit Sowohl-als-auch-Positionen in alle Richtungen anbiedere. Helmut Schmidt war es, der in der Endphase des Berliner Wahlkampfes 1981 Weizsäcker mit den Worten angriff: »Er ist weder Fisch noch Fleisch – er ist ein Klops.« Weizsäcker nahm die Sache sportlich und konterte lapidar: »Die Berliner mögen Klopse lieber als Hamburger.« Damit hatte er zwar den Punkt gemacht, dennoch blieb der Vorwurf im Raum, hier sei ein zu beliebiger Politiker am Werk. Den wahrscheinlich intellektuell bemerkenswertesten Angriff in dieser Richtung formulierte der früh verstorbene Journalist

Ludolf Herrmann im *Rheinischen Merkur* im Juni 1985: Weizsäcker würde stets auf allen Seiten positive Ansätze sehen und daran anknüpfen wollen. Das sei zwar nicht liebedienerisch gemeint, finde aber leicht Mehrheiten auf der Grundlage eines gewissen Relativismus. Herrmann zitierte Weizsäcker aus seiner Antrittsrede, dass die Begrenztheit menschlicher Kenntnis es verbiete, die eigene Auffassung absolut zu setzen und den anderen zu verurteilen oder gar zu verfolgen. Die Toleranz, die diesem Weltbild entspringt, ist laut Herrmann zwar nicht auf mangelnde Kraft zurückzuführen, dennoch lägen hier die Gefahren der Präsidentschaft Weizsäckers. Die Einstellung »wir sind allzumal Sünder« reiche nicht, da sie auf Kosten moralischer Entschiedenheit gehe.

Weizsäcker, so die Herrmann-Kritik weiter, bemühe sich stets, gemeinsame Überschriften für getrennte Positionen zu finden. Gegensätze beruhten bei ihm lediglich auf unzureichenden Informationen und Vorurteilen, die wechselseitig unbegründete Angst erzeugten, so etwa, wenn Weizsäcker hinsichtlich des Ost-West-Konfliktes davor warne, immer nur einer Seite das absolut Gute und Richtige, der anderen Seite das absolut Böse und Falsche zuzusprechen. Unfreiheit dürfe aber nicht mit Panirenismus, mit Feindesblindheit, übertuscht werden. Freiheit ohne die Kraft zur Unterscheidung habe auf Dauer keinen Bestand. Als Beispiel dafür nannte Herrmann die Rede vom 8. Mai, in der Weizsäcker den Widerstand der Kommunisten unterschiedslos neben den der Geschwister Scholl, Julius Lebers oder des Grafen Stauffenberg gestellt habe.

Und weiter führte Herrmann aus: »Die Gefahr, dass eine allzu verbindliche Suche nach Harmonie die Depressionen, unter denen die Bundesrepublik leidet, auf Dauer nicht verscheuchen, sondern eher verstärken wird, muss immerhin erwähnt werden. Der Bundespräsident muss darauf achten, dass die Mehrheit, die er sich sucht, nicht die Mehrheit der Unpolitischen ist.« Herrmann räumte ein, dass die politischen Fronten sich allgemein unerquicklich darstellten, da sie ihre Substanz verleugneten und kaum über Format verfügten. Dies dürfe aber nicht dazu verleiten, die Debatten der politischen Parteien im Alltag von der Warte eines scheinbar überlegenen Relativismus zusätzlich verächtlich zu machen. Das Problem Deutschlands sei es nie gewesen, dass seine Bürger zu politisch waren, sondern dass sie sich biedermeierlich oder diktaturhörig von der Politik zu entlasten versuchten.

Weizsäcker war sich bewusst, dass hier ein schweres Geschütz aufgefahren worden war. Er wusste, dass Herrmann mit seinem Essay einem schwelenden Gefühl nicht weniger Beobachter Ausdruck verliehen hatte. Durfte er aber einem Journalisten antworten? Begab er sich damit nicht auf eine Ebene, auf die ein Präsident sich nicht begeben durfte? Würde er mit einer Reaktion nicht zeigen, dass er verletzt war? Nach einigem Zögern griff Weizsäcker zur Feder. Sein Antwortbrief an Herrmann ist für das Verständnis der Person Weizsäcker so wesentlich, dass er hier zwar gekürzt, aber doch ausführlich wiedergegeben werden soll:

»Vor Kurzem haben Sie einen Aufsatz über mich geschrieben. An sich gehört es sich nicht, sich zu einem Artikel zu äußern, wenn man selbst Gegenstand der Beschreibung ist. Wir kennen uns aber schon lange. Auch ist das, was Sie schreiben, ja nicht nur eine Auseinandersetzung mit mir, sondern mit Ideen und Aufgaben unserer Zeit, über die wir bereits manchmal furchtbar gestritten haben. Daher erlauben Sie mir einige Anmerkungen.

Das Hauptmaterial, das Sie in ihrer Analyse benutzen, ist meine Ansprache zum 8. Mai. Es würde sich wirklich

lohnen, die kaum noch übersehbare Zahl von Meinungs-
äußerungen und Zuschriften auszuwerten, die mir in diesem Zusammenhang zugegangen sind. Die Reaktionen sind
nichts weniger als ein Zeichen einer unverbindlichen und
unpolitischen Haltung. Vielmehr kommen tiefe Gefühle auf
das Leidenschaftlichste und Politischste zum Ausdruck. Ich
habe noch nie eine so andauernde und ständig weiter arbei-
tende Resonanz erlebt. Auch wenn das Zahlenverhältnis
von Zustimmung und Kritik völlig eindeutig feststellbar
ist, so sind doch die kritischen Rückfragen naturgemäß
besonders interessant. Man mag über meine Beiträge zum
8. Mai oder zum 8. Juni (Evangelischer Kirchentag) inhaltlich ganz unterschiedlich urteilen, jedenfalls aber haben sie
eine äußerst intensive Beschäftigung normaler Menschen
aufgedeckt und belebt. Verstärkung des Unpolitischen?

Das mir Wichtigste an Ihrer Kritik betrifft das Bekenntnis zur Freiheit und seine Folgen für uns. Ich bin wirklich
verblüfft, dass Sie mir sozusagen ins Stammbuch schreiben, Freiheit ohne die Kraft zur Unterscheidung habe auf
Dauer keinen Bestand. Glauben Sie, ich widerspreche diesem Satz?

Darf ich zum Schluss etwas persönlich werden? Ich habe
Sie noch nie dabei ertappt, dass Sie Interesse und Sinn
für das entwickelt hätten, was ein Protestant will, dessen
Gedanken um verantwortete Freiheit kreisen. Wenn ich Sie
höre, neige ich dazu, an der Ökumene zu verzweifeln, und
ich frage mich, ob Sie darüber nicht vielleicht froh sind.«

Weizsäcker wäre allerdings nicht Weizsäcker, wenn er
nach dem kleinen, aber bösen Gegenangriff im letzten
Absatz nicht dennoch wieder versöhnlich würde: »Kommen
Sie gelegentlich wieder vorbei? Sie haben mir ja auch früher
nicht Ihren Rat versagt. Des guten Rates bin ich in meinem
neuen Amte besonders bedürftig.«

Genauso ist er: nicht konfliktscheu, aber bis zum äußersten verbindlich. An der Sache orientiert, aber nicht verletzend. Wenn er die Stellungnahme eines von ihm geachteten Politikers zu einem ihm wichtigen Thema liest, dann kann es zum Beispiel sein, dass er ihm einen Fünfzeiler schreibt, etwa so: Seit vielen Jahren kenne und schätze ich Sie. Das wird auch so bleiben. Aber ich muss Ihnen in der unser Verhältnis kennzeichnenden freundschaftlichen Offenheit sagen, dass Ihre heutige Erklärung einen eklatanten Fehlgriff darstellt. Dann folgen zwei Sätze zur Begründung und abschließend ein herzlicher Gruß. Ist das beliebig oder unpolitisch? Oder ist es nicht die beste Form des Streits, nämlich eindeutig in der Sache und freundlich in der Form? »Speak softly, but carry a big stick«, nannte das Theodore Roosevelt im Jahr 1903. Weizsäcker hat das zur Perfektion gebracht: Der Knüppel wird durchaus geschwungen, aber gleichzeitig spricht er sanft.

Es handelt sich hier, wenn man so will, um eine Technik der Debatte. Sie kann leicht als Verzicht auf eine klare Kante, auf »Unterscheidung«, wie Herrmann schrieb, missdeutet werden. Aber es hat doch etwas für sich, wenn man es schafft, Andersdenkenden sachlich einen Hieb zu versetzen, ihnen aber das subjektive Gefühl zu geben, man habe sie gerade gestreichelt.

Nicht selten ist Weizsäcker der Vorwurf gemacht worden, seine Positionen würden sich im »Sowohl-als-auch« erschöpfen, womit er sich unangreifbar mache. Es stimmt: Das »Einerseits-andererseits«, das Heinrich Mann in seinem Roman *Der Untertan* in der Figur des Bürgermeister Scheffelweis so wunderbar karikiert, ist eine bei Weizsäcker immer wiederkehrende rhetorische Figur. Aber ist das notwendigerweise opportunistisch? Oder gibt es nicht meistens und legitimerweise unterschiedliche Betrachtungs-

weisen? Ein »Sowohl-als-auch« kann ängstliches Ausweichen signalisieren, aber auch einfach nur eine differenzierte
Problemanzeige sein. Und ist es nicht gerade die Aufgabe
eines Präsidenten, unterschiedliche Positionen zu würdigen,
zusammenzuführen, Brücken zu bauen – anstatt zu polari-
sieren?

Im Übrigen bleibt Weizsäcker kaum bei der Darstellung
der beiden gegensätzlichen Positionen stehen, sondern führt
das »Einerseits-andererseits« den entscheidenden Schritt
weiter, wie wir es bei der Rede zum Jahrestag der Kapitulation gesehen haben, als er nach der Würdigung der konträren Haltungen mit der abschließenden Bewertung endet,
dass der 8. Mai die Befreiung bedeutete.

Auf gleiche Weise näherte er sich zum Beispiel auch dem
Thema der Vertreibung. Er schilderte das unvorstellbare
Leid der Vertriebenen und ihr Recht auf Heimatliebe. Dann
sprach er über die Ängste der Polen, die heute in Schlesien
lebten und deren Familien selbst Vertriebene seien. Es gebe
für die unterschiedlichen Gefühle gute Argumente. Aber
auch hier verharrte der Redner nicht bei der Darstellung
der beiden – verständlichen – Positionen, sondern stellte
unzweideutig klar: dass den sich widerstreitenden Rechts-
ansprüchen das Versöhnungsgebot übergeordnet werden
müsse – was darauf hinausläuft, die bestehenden Grenzen
nicht mehr infrage zu stellen …

Weizsäcker hat in der Tat ein Grundbedürfnis nach Har-
monie, Brückenbau, Versöhnung. Ihm liegen die ruhigen
Töne mehr als polternde Polarisierung und auftrumpfende
Provokation. Er kämpft lieber mit dem Florett als mit dem
Säbel. Aber er kämpft! Er hat meistens eine Botschaft,
fast immer eine klare Position. Er ist neugierig auf andere
Meinungen, versucht sie zu verstehen und die Motive zu
ergründen, die zu ihnen geführt haben. Aber er läuft ihnen

nicht hinterher. Ein Politiker, der Beifall heischend eine Parteitagsrede hält und anschließend, wenn das Ziel erreicht ist, mit stolz geschwellter Brust im Saal herumgeht, findet seine ganze Verachtung. Nichts sei leichter, als Beifall in den eigenen Reihen zu erzielen. Man müsse als Politiker in einer Rede natürlich auch Applaus erstreben, aber dabei dürfe es nicht bleiben: Ein guter Politiker habe immer auch eine Zumutung für das Publikum im Gepäck, etwas, dass es weiterführt, ihm einen neuen Horizont eröffnet.

Hartmut von Hentig, ein enger Freund Weizsäckers aus gemeinsamen Studientagen, hat sich mit der Frage auseinandergesetzt, ob es stimme, dass es Weizsäcker an Mut und Unbedingtheit fehle. Man könne ja seine Abneigung gegen »sweeping statements« und »rashness« leicht so verstehen. Er, Hentig, aber empfinde diese »bürgerliche Abscheu vor dem Skandal«, seinen Sinn für Konvention und seine Vorliebe für Harmonie keineswegs als Unentschiedenheit oder Beliebigkeit. Begründetes Zögern, strategisches Ausweichen, halbe Erfüllung, wo die Umstände eine gerade Linie zum Ziel unmöglich machen, das alles habe mit Schwäche oder gar Feigheit nichts zu tun. Im Gegenteil handele Weizsäcker tapfer, wenn er auf dem Höhepunkt von ausländerfeindlichen Attentaten ein Asylbewerberheim besuche, eine geläuterte RAF-Terroristin begnadige oder beim Kirchentag eine Ansprache von Antje Vollmer und nicht eines Parteifreundes besuche. Er, Hentig, habe bei Weizsäcker immer genau hingeschaut und oft geprüft, die Prüfung sei »stets gut ausgegangen«.

Zehn Jahre nachdem Ludolf Herrmann die Gefahr beschworen hatte, dass Weizsäcker ein zu unpolitischer, konfliktscheuer Präsident sei, galt Weizsäcker den professionellen Beobachtern, aber auch dem Bürger als der »politischste Präsident« in der Geschichte der Bundesrepublik. Auch seine

bisherigen Nachfolger, Roman Herzog, Johannes Rau und
Horst Köhler haben ihm diese Kennzeichnung nicht streitig
machen können oder wollen.

Ist es ein Widerspruch, dass der politischste Präsident
gleichzeitig auch der beliebteste war? Dass er sich kontro-
verser Themen annahm und selbst weitgehend ungeschoren
davonkam? Weizsäcker habe seine Reden »in Watte« ver-
packt, »Weizsäcker sei Christo« schrieb Gunter Hofmann in
einem Rückblick auf die Amtszeit im Juni 1994 in der *Zeit*.
Die Weizsäcker-Präsidentschaft kennzeichne, jedenfalls in
der Wortewelt eine hohe Perfektion, die allerdings korres-
pondiert habe mit der Bereitschaft von Bürgern und Beobachtern, diese zu akzeptieren und nicht näher zu hinterfragen:
»Der eine, im Amt, wollte keine Fehler machen. Die anderen,
die ihn schreibend begleiteten, wollten ihn auch nicht bei
einem Fehler ertappen.« Angesichts der alltäglichen Politik
sei, so Hofmann, Hans Magnus Enzensberger zuzustimmen,
dass Weizsäcker »die moralische und ästhetische Situation
der Republik erträglicher machte«. Hofmann schließt seine
Betrachtung: »Weizsäcker war sicher der politischste Präsident auf eine Weise, die zu Dank verpflichtet. Wir hatten
über zehn Jahre etwas, was in der Verfassung nicht steht,
eine Art Staatspräsidenten nämlich. Der Staat und seine
Institutionen, denen die Politik doch anvertraut ist, erhielten in ihm noch einmal bildhaft Gestalt.«

4

Europäer und
Weltbürger

Dass Richard von Weizsäcker einmal Europäer und
Weltbürger werden würde, war ihm in die Wiege gelegt.
Jemand, dessen Vater Diplomat ist und der daher Teile
seiner Kindheit in Dänemark, Norwegen und der Schweiz
verbringt, der später nicht nur in Berlin, sondern auch in
Oxford und Grenoble studieren darf, den der Krieg nach
Polen und in die Sowjetunion verschlägt und der mit Ende
zwanzig als Hilfsverteidiger des Vaters bei den Nürnberger
Prozessen den ganzen Schrecken des Nationalsozialismus
kennenlernt – so jemand hat in seinen ersten zwei Lebens-
jahrzehnten bereits Prägungen erhalten und Erfahrungen
gesammelt, die weit über Deutschland hinausreichen. So
war es vielleicht nur folgerichtig, dass der Berufswunsch
zunächst Diplomat lautete. Doch das Auswärtige Amt
lehnte Weizsäckers Bewerbung ab, worauf später noch
zurückzukommen ist.
　Trotz dieser Enttäuschung blieb Weizsäcker der, der er
war. Sein Weg führte unausweichlich zu den internationalen Themen und den großen Persönlichkeiten. Weizsäckers
erste Veröffentlichung (abgesehen einmal von seiner Dissertation) handelte von den deutsch-polnischen Beziehungen. Er kannte den russischen Dissidenten Andrej Sacharow schon lange, bevor dieser eine weltweite Symbolfigur
für die russische Opposition wurde, er befreundete sich

mit dem Regimekritiker Václav Havel, als noch niemand
die europäische Zeitenwende von 1989/90 ahnen konnte.
Themen wie Sicherheits- und Verteidigungspolitik, Menschenrechte, die Überwindung der Teilung des Kontinents,
die Zukunft der europäischen Gemeinschaft, die Reform
der Vereinten Nationen, globaler Umweltschutz oder die
Integration der Migranten in Staat und Gesellschaft sind
mit seinem Wirken weit enger verbunden als rein innenpolitische Fragestellungen.

Als Abgeordneter, Regierender Bürgermeister und später
als Bundespräsident wurde er naturgemäß mit Auseinandersetzungen über Haushalts- und Gesundheitspolitik, den
Arbeitsmarkt oder Fragen der inneren Sicherheit konfron-
tiert. Er musste sich auch hier zurechtfinden, sich eine Meinung bilden und argumentieren. Mit der Ausnahme des
grundsätzlichen Themas der Zukunft von Demokratie und
der Fragen nach Geschichte und Identität der Deutschen
bewegten ihn die innen- und sozialpolitischen Debatten
der Bundesrepublik, geschweige denn die Detailarbeit an
entsprechenden Gesetzen nicht annährend so sehr wie die
grundsätzlichen europa- und weltpolitischen Herausforderungen. Die Mitwirkung an einer Diskussion über Verbrau-
cherschutz war seine Sache nicht, aber eine zweitägige Reise
in den Sudan während der großen Dürre Mitte der achtziger Jahre beschäftigte ihn jahrelang. Wenn in der Lagebesprechung frühmorgens im Rathaus Schöneberg, in der
Villa Hammerschmidt oder im Schloss Bellevue über steuer-
politische Kontroversen im Bundestag und den Medien
vorgetragen wurde, war er ein mittelmäßig konzentrierter
Zuhörer. Kam dagegen das deutsch-polnische Verhältnis
oder die nukleare Bewaffnung Indiens und Pakistans zur
Sprache, dann leuchteten die Augen auf, dann straffte sich
der morgens manchmal noch müde Körper, dann signali-

sierte Weizsäcker von Kopf bis Fuß Interesse und Bereitschaft zum Engagement.

Das ist auch so geblieben, nachdem Weizsäcker sein Amt als Präsident 1994 aufgab und in sein neues Büro am Kupfergraben gegenüber der Museumsinsel in Berlin zog. Weizsäcker wurde als Expräsident mit der Leitung wichtiger nationaler und internationaler Kommissionen beauftragt: zur künftigen Bundeswehrstruktur, zur Zukunft der EU und der Reform der UNO. Die Körber-Stiftung in Hamburg betraute ihn mit der Leitung des Bergedorfer Gesprächskreises, eines bedeutenden Diskussionsforums für Experten zu grundsätzlichen, vor allem europa- und außenpolitischen Themen. Außerdem entfaltete er eine umfangreiche Reise- und Vortragstätigkeit.

Das dritte große Schlüsselthema Weizsäckers ist die Europa- und Außenpolitik und dabei besonders Deutschlands Einbettung in die euroatlantischen Institutionen und die UNO vor dem Hintergrund seiner geopolitischen Lage und geschichtlich gewachsenen Identität. Der sichere Anker, den EU und NATO für Deutschland darstellen, die geschichtliche Einordnung dieser Westbindung im Hinblick auf ihre Bedeutung für das Selbstverständnis des eigenen Landes, mehr noch aber die aktive Einflussnahme auf die Politik der Partner im Westen, nicht zuletzt auf die USA, darum geht es Weizsäcker in allen Phasen seiner politischen Laufbahn. Weizsäckers lebenslanges Thema lautet in etwa: Wo ist der Platz Deutschlands in Europa, was sind aus unserer deutschen Sicht die Aufgaben Europas in der Welt? Ist es eher die alte Mittellage auf dem Kontinent, die unsere Lage beschreibt, oder sind wir »Westen«. Ist die Westbindung ein Relikt aus dem Kalten Krieg oder hat sie geschichtlich Bestand? Das Spannungsverhältnis zwischen geografischer und geschichtlicher Mittellage einerseits und der durch die

Wertegemeinschaft begründeten Verankerung in den euroatlantischen Institutionen andererseits kennzeichnet fast alle
seine Äußerungen zu diesen Themen – und zwar vor und
nach dem Fall der Mauer.

Stationen eines Diplomatenkindes

Auf der deutschen Petri-Schule in Kopenhagen lernte Richard
1926 Lesen und Schreiben. Eigentlich beherrschte er beides schon, denn im Elternhaus und durch die Geschwister hatte er schon vorher viel frühkindliche Erziehung und
Bildung genossen. Seine so gearteten Wettbewerbsvorteile
spielte der sechsjährige Weizsäcker gnadenlos aus, als er
zum Schulanfang den »Handschuh« von Schiller aufsagte.
Ob er sich damit bei Mitschülern und dem Lehrerkolle-
gium sehr beliebt gemacht hat, ist nicht überliefert. Er war
indes kein Streber, kein vergeistigter, abgehobener Einzel-
gänger oder Besserwisser. Er profitierte vielmehr auf ganz
natürliche, ja spielerische Weise von den Gesprächen im
Elternhaus, von den Scharade-, Rate- und Wortzerlegespie-
len unter den Geschwistern. Was bleibt einem übrig, wenn
man einen Bruder (Carl Friedrich) hat, der mit dem etwas
älteren Freund Werner Heisenberg stundenlang Blindschach
im dunklen Schlafzimmer spielt, oder als Zwölfjähriger von
Stefan George am Nacken gepackt wird. In einem Haus,
in dem Diplomaten, Wissenschaftler, Künstler und Unternehmer ein und aus gehen, in dem musiziert, rezitiert und
immer wieder erzählt und erzählt wird – da ist es geradezu
naturgegeben, dass sich aus dem Kind alsbald ein kulti-
vierter Weltbürger entwickelt. Was die meisten Menschen
sich in ihrem Leben hart erarbeiten müssen: wie man sich
in Gesellschaft benimmt, wie man sich zu den jeweiligen

Anlässen kleidet, wie man einen klugen Toast ausspricht und so weiter – all das hat Weizsäcker sozusagen spielerisch vom Elternhaus mitbekommen.

Das enorme Glück, das Elternhaus und Erziehung für sein Leben bedeuteten, war ihm bewusst. Er hat immer wieder voller Dankbarkeit darüber gesprochen. Nie hat er sich deshalb auch über andere erhoben. Wenn ich zum Beispiel nicht adäquat gekleidet war, konnte er zwar frotzeln: »Wir müssen mal wieder nach Rom fahren und für Herrn Pflüger in der Via Condotti ein paar passende Socken kaufen«, aber seine erzieherischen Seitenhiebe waren immer so vorgetragen, dass sie nie ernsthaft verletzten. Eben so, wie er es im Elternhaus gelernt hatte. Seine Mutter hat damit nie aufgehört, auch nicht als »Richard« im Alter von 61 Jahren Regierender Bürgermeister wurde. Als sein Persönlicher Referent habe ich mit seiner Mutter einige Male telefoniert: Stets ermahnte sie mich, mehr auf ihren Sohn aufzupassen. Er höre ja leider nicht auf sie, arbeite zu viel und vernachlässige die Gesundheit.

Bei seinen Staatsbesuchen in Dänemark, in Norwegen und der Schweiz ging der Bundespräsident von Weizsäcker auf die dort verbrachte Kinder- und Jugendzeit ein und hatte dadurch natürlich gleich ein besonders gutes Entree. In Dänemark erzählte er der erstaunten Presse die Geschichte von seinem unbekannten älteren Freund. Jeden Tag ritt dieser ältere Herr die Straße entlang, auf der der sechsjährige Richard zu spielen pflegte. Ehrfürchtig grüßte der Junge den stattlichen Reiter, der den Gruß warmherzig und immer vertrauter entgegnete. Eines Tages kam heraus, dass der Reiter niemand Geringeres als der dänische König war.

Beim offiziellen Abendessen, das der norwegische König Olav V. 1986 zu Ehren Weizsäckers im Schloss zu Oslo gab, berichtete Weizsäcker davon, dass er als Kind Norwegen lieben gelernt habe. Die norwegische Nationalhymne sei die erste, die er nach der deutschen kennengelernt und nie wieder vergessen habe. Dann erzählte er dem König von seiner Zeit in Oslo. Hier hatte er mangels einer deutschen Schule Privatunterricht bei einem jungen evangelischen Theologen, Hermann Haeberle. Besonders dessen Religionsunterricht blieb Weizsäcker lebenslang unvergesslich, und auch Haeberle äußerte, dass er »den aufgeweckten, intelligenten, witzigen, ja schlagfertigen und erstaunlich urteilsfähigen Jungen lieb gewonnen« habe. Schon damals sei dem jungen Weizsäcker wertvoll erschienen, was er später an Überzeugungen in seine Ämter einbrachte.

Der längste Auslandsaufenthalt für den heranwachsenden Richard aber sollte die Zeit in Bern werden, wohin der Vater im Sommer 1933 als Gesandter berufen wurde. Hier blieb er fast vier Jahre, hier erlebte er die Anfangsjahre des »Dritten Reiches« aus einer ganz anderen Perspektive als die Mehrheit der Deutschen. Er las eben nicht den *Völkischen Beobachter*, sondern täglich die *Neue Zürcher Zeitung* oder den Berner *Bund* und verfügte damit über Informationen, die in Deutschland so gut wie nicht zugänglich waren. Bei seinem Staatsbesuch im Land der Eidgenossen im Mai 1987 ließ er jeden seine herzliche Beziehung zur Schweiz spüren. In Bern habe er »entscheidende Jahre« seiner Jugend verbracht. Aus eigener Anschauung wisse er, wie sehr die Schweizer unter dem nördlichen Nachbarn zu leiden gehabt hätten. Seine Mitschüler hätten das damals jedoch nicht gezeigt, ihn vielmehr freundschaftlich aufgenommen. Das habe er nie vergessen.

Anfang 1937 ging es zurück auf das Bismarck-Gymnasium in Berlin-Wilmersdorf, wo er schon vor 1933 die Schulbank gedrückt hatte. Zurück in Berlin, erlebte er die wachsende Diskriminierung der Juden. Eineinhalb Jahre nach den Nürnberger Gesetzen gab es nur noch wenige jüdische Abiturienten. Weizsäcker registrierte das sehr genau. Er aber war zurückgekommen, um die Chance der vom NS-Regime verkürzten Schulzeit zu nutzen. So legte er bereits im März 1937 als noch 16-jähriger Jüngling das Abitur ab. Die gewonnene Zeit nutzte er zu Studienaufenthalten in Oxford und Grenoble, was sich 1937/38 wegen der Wirtschaftspolitik des Reiches nur ganz wenige Deutsche leisten konnten. Weizsäcker hatte den Vorteil, dass der Vater als Diplomat im Ausland tätig war, dort sein Gehalt bezog und seine Kinder deswegen auch außerhalb Deutschlands studieren lassen konnte. Weizsäcker spürte den fortschreitenden Ansehensverlust Deutschlands durch die Politik der Nationalsozialisten. In der englischen Familie, in der er lebte, durch die Lektüre der Zeitungen, im Gespräch mit englischen und französischen Freunden und Freundinnen erschloss sich ihm immer wieder eine andere Sichtweise auf die Heimat. Er hielt innere Distanz, entwickelte ein eigenes Urteil. Beim Empfang der Ehrendoktorwürde im Herbst 1984 in Grenoble führte er mit Blick auf die damaligen Erlebnisse aus: »Nie werde ich die für einen jungen Deutschen ermutigende Erfahrung vergessen, dass persönliche Begegnungen zwischen Einzelnen imstande waren, die Isolierung zu überwinden, in die der Nationalsozialismus das deutsche Volk gedrängt hatte.«

Dass Weizsäcker nach Krieg und Studium zunächst für sich selbst eine Diplomatenlaufbahn anstrebte, kann nach alledem nicht verwundern. Er erfüllte die formalen Voraussetzungen: zwei juristische Staatsexamen, sogar ein Doktortitel, zwei Fremdsprachen, den positiven Bescheid der Entnazifizierungskommission. Weizsäcker wartete zuversichtlich auf die Zulassungsprüfung. Er tat das indes vergeblich. Auf Nachfrage wurde ihm schließlich bedeutet, dass

der Staatssekretär des Auswärtigen Amtes (einen eigenen
Außenminister gab es damals noch nicht, Adenauer war in
Personalunion Kanzler und Außenminister), Walter Hallstein, vor dem Hintergrund der Verurteilung von Ernst von
Weizsäcker in Nürnberg politische Bedenken geäußert und
dadurch eine diplomatische Karriere des Sohnes verhindert
hatte. Weizsäcker war damals tief getroffen. War das nicht
genau die Sippenhaft, die den Nazis vorgeworfen wurde?
Weizsäcker empfand die Haltung des Auswärtigen Amtes
als »schmählich«.

Aber die frühen Einflüsse blieben berufsbestimmend. Es
ist leicht nachzuvollziehen, dass die Erziehung im Diplo-
matenhaushalt, der frühe Umgang mit hochgestellten und
hochgebildeten Persönlichkeiten, vor allem aber die Aus-
landsaufenthalte lebenslange Prägungen hinterließen. Weizsäcker erhielt hier das geistige Rüstzeug, das ihn später zu
einem der international angesehensten Politiker im Nach-
kriegsdeutschland werden ließ. Dass ihn nach solchen Erlebnissen die EU-Reform einmal mehr interessieren würde als
Milchpreise oder Praxisgebühren liegt auf der Hand. Und
dass er sich vor dem Hintergrund seiner Erfahrungen bei
Königin Elisabeth II. im Buckingham Palace wohlfühlen
würde, das war auch zu erwarten.

Fauxpas bei der Queen

1937 stand der 17-jährige Richard von Weizsäcker am Stra-
ßenrand auf der Mall in London und jubelte Georg VI. und
seiner Gattin Elizabeth Bowes-Lyon in der Kutsche auf dem
Weg zur Krönungsfeier zu. Am 1. Juli 1986 saß er als Staatsoberhaupt ebendieser, der Mutter von Königin Elisabeth II.,
im »Clarence House« beim 17-Uhr-Tee gegenüber und

erzählte von seinen beinahe fünfzig Jahre zurückliegenden Eindrücken – was für eine Geschichte!

Mittags um 12.30 Uhr war der Bundespräsident mit seiner Frau und seiner Delegation, zu der auch ich gehörte, in der Victoria-Station eingetroffen. Es sollte der vielleicht glanzvollste Staatsbesuch seiner Amtszeit werden, wenn auch eine Visite mit mehreren diplomatischen Fauxpas. In der großen Bahnhofshalle war alles auf Hochglanz gebracht. Rote Teppiche ausgerollt, überall »Bobbies«, Touristen und Einheimische hinter Sperrgittern. Hier findet traditionell die Begrüßung der wenigen offiziellen Staatsbesucher statt, die das britische Staatsoberhaupt, die Queen, empfängt. Und in Großbritannien hat eben alles Stil. Die gesamte königliche Familie und das Regierungskabinett waren versammelt. Prinzessin Diana, die an diesem Tag ihren 25. Geburtstag feierte und besondere Aufmerksamkeit genoss, trug ein seegrünes Kleid und eine helle Jacke. Königin Elisabeth ein blau-weißes Seidenkleid, und das ähnelte, nein glich – o Schreck! – dem Kleid von Frau von Weizsäcker. Für die Boulevardpresse war das natürlich ein gefundenes Fressen, sie registrierte einen entsetzlichen Protokollfehler. Kurz nach dem Besuch verfügte die Queen, dass der Buckingham Palace sich zukünftig im Vorfeld eines Staatsbesuches nach der Garderobe des Gastes erkundigen müsse.

Das Zeremoniell mit Hymne und militärischen Ehren, die Uniformen der Offiziere mit ihren blitzenden Säbeln, farbigen Schärpen und exotischen Federhüten – das alles hatte sich nicht verändert, seit Theodor Heuss 1958 und Gustav Heinemann 1972 das Vereinigte Königreich besucht hatten, und es war auch kaum anders als 1907, als Kaiser Wilhelm II. London seine Ehre erwies. Das britische Protokoll legt schließlich Wert auf Tradition. Dennoch gab es einen äußeren Unterschied zum Heuss-Besuch: Weizsäcker weigerte sich standhaft, seinen Zylinder aufzusetzen, er behielt ihn – das ist gerade noch erlaubt – die ganze Zeit über in der Hand. Genauso hielten wir es, die Mitglieder der offiziellen Delegation: alle im Cut und den Zylinder in der Hand.

Nach der Begrüßung stiegen wir, jeweils in Begleitung einiger Gastgeber, in die bereitstehenden Kutschen. In der ersten saßen Ihre Majestät, die Königin, und der Bundespräsident, in der zweiten Freifrau von Weizsäcker und Seine Königliche Hoheit der Herzog von Edinburgh, Prinz Philip. Die Kutschfahrt führte durch die Innenstadt, vorbei an Westminster Abbey, den Houses of Parliament, Big Ben, Trafalgar Square, die ganze Mall hinunter bis zum Buckingham Palace. Viele tausend Menschen säumten die Straßen, winkten und genossen den strahlenden Anblick der Kutschkolonne und der berittenen Begleitung.

Schließlich erreichten wir den Palast. Wir legten die Zylinder auf einer Bank ab und begaben uns in das sogenannte Zimmer »1844« zum Aperitif. Die Mitglieder der Königsfamilie und die deutschen Delegationsmitglieder machten sich bekannt, Lady Di strahlte, wie man es von zahllosen Fotos kannte, sie sah umwerfend schön aus. Aber natürlicher wirkte Sarah Ferguson, die am 23. Juli Prinz Andrew heiraten sollte. Andrew hatte bereits allen gestanden, dass dies sein erster Staatsbesuch sei und er etwas Lampenfieber habe. Nach einiger Zeit wechselte die ganze Gesellschaft in den großen Nebenraum, den sogenannten »Bow Room«: neoklassizistische Einrichtung, Leuchter, Ahnenbilder, Goldgeschirr, zahllose violette Blumen auf den gedeckten runden Tischen, Blick in den großen Garten des Palastes. Das Menu sah Fischpastete, Lamm, Schokoladenpudding, Käse und Früchte vor. Man redete über die Berliner Mauer, den Falklandkrieg von 1982 (an dem Andrew als Soldat teilgenommen hatte) und über die Fußballweltmeisterschaft, dann über deutsche Königshäuser und länger über Bayern und Ludwig II. Prinz Andrew flüsterte mir zu, dass er mit ihm verwandt sei.

Nach dem Lunch begab sich die kleine Gesellschaft wieder durch das Zimmer »1844« in einen anderen Raum zum Austausch von Geschenken. Weizsäcker wurde von der Königin mit einem Orden ausgezeichnet. Diana und Charles schenkten ihm zwei Schachbücher, die immer willkommen waren, die Königin präsentierte eine kleine Tischuhr und eine Silberdose. Der Bundespräsident seinerseits beehrte das Prinzenpaar mit einem weiß-gelben Set von Gartenmöbeln und die Königin mit einer Henkelvase mit dem Motiv des Jagdschlosses Grunewald aus der Königlich Preußischen Porzellanmanufaktur (KPM). Bei der Übergabe der Vase an Elisabeth entdeckt Weizsäcker im allerletzten Augenblick, dass das Preisschild noch am Porzellan klebte und versuchte verzweifelt, es im Moment der Überreichung abzureißen, was ihm aber nicht gelang. Die Königin tat, als habe sie das nicht bemerkt.

Der dritte Fauxpas sollte bald folgen: Wenig später, beim Tee, fand Weizsäcker – man mag es kaum glauben – auf dem Boden seiner Tasse eine golden schimmernde Reißzwecke! Gut, dass die englische Boulevardpresse nicht anwesend war! Sie hätte daraus wahrscheinlich einen Mordanschlag im Buckingham Palace gemacht, zumindest aber die Rache für die Bombardierung Londons. Aber Weizsäcker ist ebenfalls zu vornehm, um auf die ungewöhnliche Beigabe einzugehen.

Der Bundespräsident und die übrigen Mitglieder der deutsche Delegation bezogen Zimmer für die Nacht im Palast. Es folgten an diesem Tag noch die Kranzniederlegung beim Grabmal des Unbekannten Soldaten, ein Besuch beim Lord Mayor von Westminister im St. James Palace und der bereits erwähnte Tee bei der »Queen Mum«. Dann zwängten sich alle in den Frack für das Abendbankett, hängten sich die Orden um und polierten die Schuhe. In der »Picture Gallery« des Palastes gab es zunächst die Cocktails. Dann begab man sich in den Saal und wartete auf seinem vorbestimmten Platz auf die »Royal Procession«. Während die Staatsgäste und die Königliche Familie unter den Klängen von Dudelsäcken den Saal betraten, dienerte und knickste es überall – so sieht es der Brauch vor. Der prachtvolle Saal glänzte und glitzerte, besonders, so schien es, in der Umgebung von Lady Diana, die wie eine Märchenfee wirkte. Das Ganze kam mir vor wie aus einer anderen Welt, die Tafeln mit den goldenen Tellern und Bestecken, die verzierten Kronleuchter, der pompöse Blumenschmuck und die livrierten Diener. Auf einer Empore, dem Thronsessel gegenüber, wurde klassische Musik gespielt.

Außenminister Genscher, der den Bundespräsidenten begleitete, strahlte: Er durfte zwischen Lady Diana und Prinzessin Anne Platz nehmen. Weizsäcker unterhielt sich mit der Königin über politische Fragen, obwohl politische Gespräche Elisabeth offiziell eigentlich nicht gestattet sind. Ihr Thema war damals vor allem Südafrika, wo noch immer Apartheid herrschte und Nelson Mandela immer noch im Gefängnis saß. Weizsäcker drängte damals bei jeder Gelegenheit auf entschiedene Maßnahmen der Europäer gegen Pretoria. Die Königin, so sagt er später, sei sehr »politisch«, sie habe zu jedem Thema eine klare und kompetente Position vertreten, vor allem aber »ein eigenes Urteil«.

Nach den Hauptgängen wurden die Tischreden gehalten. Die Queen legte ein Bekenntnis zu Europa ab (was auf der Insel immer etwas Besonderes ist) und versprach, zum 750. Geburtstag Berlins im nächsten Jahr die geteilte Stadt zu besuchen. Da wandte sich Weizsäcker zu Genscher und flüsterte flachsend: »Jetzt können wir wieder nach Hause fahren. Damit ist der wichtigste Reisezweck erfüllt. Wir haben es geschafft.« Dann erhob er sich zu seiner Antwortrede. Er erinnerte an die blutige Schlacht an der Somme, die auf den Tag genau vor siebzig Jahren begonnen hatte. Die Gegenwart sei dagegen von einer vertrauensvollen Partnerschaft geprägt. Weizsäcker zitierte dazu Lord Salisbury, der einst an Bismarck Folgendes geschrieben hatte: »Zwischen keinen zwei Ländern gibt es so wenig Rivalitäten und so viele gemeinsame Ziele.«

Später fand man sich im Nebensaal zum Mokka ein. Premierministerin Margaret Thatcher erzählte von ihrem Besuch in Ungarn. Die Ungarn, so ihr Urteil, seien noch viel kommunistischer, als sie geglaubt habe. Auf absehbare Zeit sehe sie keine Chancen für eine Veränderung...

Auch wenn die Eiserne Lady hier irrte, beeindruckte sie uns während des gesamten Besuches durch ihre Liebenswürdigkeit. Weizsäckers Rede am folgenden Tag vor den Abgeordneten von Ober- und Unterhaus lobte sie in höchsten Tönen: Eine so ausgezeichnete Rede werde in Westminster wohl nie wieder gehalten werden. Weizsäcker schmeichelte das natürlich. Im Oktober 1982 hatte er als Regierender Bürgermeister von Berlin der Premierministerin die Berliner Mauer gezeigt. Sie war damals den Tränen nahe gewesen. Ein Jahr später hatte er sie in Downing Street besucht und eine Stunde lang mit ihr über die richtige Ostpolitik gestritten. Ich war bei dem Gespräch damals dabei, und es war offenkundig, dass die Eiserne Lady wirklich unter der Unfreiheit im Osten litt und kraft ihres Amtes helfen wollte. Aber die Menschen in Osteuropa und in der DDR erwarteten keine Ideologie von ihr, sondern praktische Politik zur allmählichen Überwindung der Teilung. Sie war sehr eindrucksvoll, doch in ihrer unversöhnlichen, starren Haltung etwas untypisch für die britische Seele. Früher, so ließ sich Weizsäcker nach dem Gespräch verlauten, seien die Briten die Pragmatiker gewesen, heute komme der pragmatische Impuls eher vom Kontinent.

Vorsichtig ging Weizsäcker auf dieses Thema in seiner Rede vor dem britischen Parlament ein. Demonstrativ lobte er den Realitätssinn der Briten, indem er zunächst den Göttinger Gelehrten und Aphoristiker Georg Christoph Lichtenberg, einen Untertan Georgs III., zitierte und dann Goethe: »Könnte man nur den Deutschen nach dem Vorbild der Engländer weniger Philosophie und mehr Tatkraft, weniger Theorie und mehr Praxis beibringen.« Dann wurde Weizsäcker deutlicher: »Was wir an ihnen schätzen, ist, nicht unnötig früh über Prinzipien zu debattieren, sondern die Vernunft über die Ideologie zu stellen, zum klugen Verzicht auf Rechthaberei fähig zu sein, kompromissbereit zu verhandeln, aber auf der Grundlage eigener fester Überzeugungen im Endspurt genügend Reserve zu haben.«

Die Rede Weizsäckers war ein deutliches Plädoyer für Europa, die Fähigkeit, mit einer Stimme zu sprechen und sein Gewicht auch gegenüber Amerika zur Geltung zu bringen. Er warb um Vertrauen im Verhältnis zu den USA. Das aber heiße nicht Abhängigkeit. Gerade die Amerikaner fragten doch stets nach dem Gewicht und der Stimme Europas. Schließlich forderte der Bundespräsident eine aktive Entspannungspolitik. Weizsäcker dankte den Soldaten der Rheinarmee, beschwor, wie so oft, die Zusammengehörigkeit von Verteidigung und Entspannung und pries den KSZE-Prozess, nur um eine aktuelle kritische Bemerkung an die Adresse der Regierung von Ronald Reagan anzufügen: »Wenn das KSZE-Expertentreffen über menschliche Kontakte im Frühjahr in Bern am Ende gescheitert ist , so zahlen die Menschen, die im Warschauer-Pakt-Bereich (Weizsäcker verzichtete schon damals auf den Begriff »Ostblock«) leben, dafür ganz persönlich den Preis. Es ist für sie nicht leicht zu verstehen, warum wir mannhaft und prinzipientreu geblieben sind, damit aber ihnen die Last des Scheiterns auf die Schultern gelegt und der sowjetischen Delegation einen bequemen Gratisabgang aus einer für sie problematischen Lage verschafft haben.«

Und noch eine andere charakteristische Weizsäcker-These folgte, nämlich die Kritik an der Konzentration der Politik auf die Rüstungskontrolle: »Die Blöcke misstrauen einander, weil sie bewaffnet sind, gewiss. Aber es stimmt auch, dass sie bewaffnet sind, weil sie einander misstrauen. Ich kenne kein Beispiel aus der Geschichte, wonach Abrüstung zum Frieden führt. Viel eher bietet friedliche Zusammenarbeit die Chance zur Abrüstung.«

Wie oft hatte Weizsäcker in Hintergrundgesprächen, Begegnungen mit Politikern und Staatsmännern und in Interviews diese Überzeugung schon vertreten! Zunächst galt es, auf allen möglichen Gebieten zusammenzuarbeiten, den Korb II der Schlussakte von Helsinki über technologische, wirtschaftliche, ökologische und wissenschaftliche Kooperation mit Leben zu füllen und danach aus dem so entstandenen Vertrauen Wege zur Abrüstung und schließlich die menschlichen Erleichterungen zu entwickeln, nicht aber umgekehrt.

Das britische Parlament, dessen Lord Chancellor, bekleidet mit einer Perücke und begleitet von Schleppenträgern, Weizsäcker als einen der »weisesten Staatsmänner einer großen Demokratie« angekündigt hatte, war begeistert. Es gab minutenlange Ovationen.

Die Krise Europas überwinden

Wenn der Bundespräsident von der Bundeshauptstadt Bonn nach West-Berlin flog, so war es ihm aufgrund des Status der geteilten Stadt untersagt, mit der Flugbereitschaft der Bundeswehr zu fliegen, die ihn sonst auf seinen Reisen im In- und Ausland transportierte. Auch Zivilpersonen konnten ja nicht mit der Lufthansa fliegen, sondern waren auf PanAm, British Airways oder Air France angewiesen, also auf die Fluglinien der drei Mächte, die in West-Berlin über Sektoren verfügten. Weizsäcker hatte schon als Regierender Bürgermeister immer gefrotzelt, wenn er zum Beispiel mit PanAm aus Frankfurt nach Berlin flog und die Flugbegleiterin sich am Ende des Fluges mit den Worten verabschiedete: »Thank you for choosing PanAm.« Dafür, so Weizsäcker, brauche die Dame sich nicht zu bedanken, niemand im Flieger habe schließlich eine Wahl gehabt.

Da er als Bundespräsident großen Wert darauf legte, die Bindungen des Bundes an Berlin zu dokumentieren, da er sich gern in Berlin, seiner eigentlichen Heimat, aufhielt, mussten die Amerikaner ihn sehr oft aus Bonn hin- und herfliegen. Das geschah häufig in riesigen Transportflugzeugen, in die ein paar Sitze für den Präsidenten und seine Begleitung eingebaut waren. Oft gab es nicht einmal ein Fenster. Wenn man dann in Berlin-Tegel oder in Tempelhof landete, begrüßten ihn am Flughafen zunächst die alliierten Stadtkommandanten, danach der Protokollchef des Landes Berlin. Auf diese Weise unterstrichen die Amerikaner, Briten und Franzosen vor aller Welt ihren völkerrechtlichen Anspruch auf Berlin. Das war alles gut und schön, aber auch sehr mühsam. Es gab nämlich Wochen, in denen Weizsäcker dreimal hin- und herfliegen musste und dann gab es dreimal das gleiche Zeremoniell, allerdings tauchten beim dritten Mal dann die Stellvertreter der Stadtkommandanten auf ...

In gewisser Weise zeigte sich an dieser Stelle, was der bedeutende Historiker Karl Dietrich Bracher als »Krise Europas« bezeichnet hat: Nach zwei Weltkriegen war das einst so mächtige Europa, das geistig, kulturell und ökonomisch die Welt beherrscht und geprägt hatte, geteilt, die Macht war vom europäischen Zentrum in den Osten (Moskau) und in den Westen (Washington) gewandert. Der Kalte Krieg hatte diese Struktur gefestigt, im geteilten Berlin mit seinem Viermächtestatus kam sie sichtbar zum Ausdruck. Die Teilung von Stadt, Land und Kontinent, nirgendwo stärker sichtbar als in Berlin, zeigte die Schwäche der »Alten Welt«. Weizsäcker arbeitete immer an dem Ziel, die deutsche Einheit und gleichzeitig auch die europäische Einigung zu bewerkstelligen.

Die Flüge von und nach Berlin waren für die Mitarbeiter des Bundespräsidenten bei aller Beschwerlichkeit jedoch eine gute Gelegenheit, einmal ausführlich mit ihm über organisatorische Fragen und inhaltliche Themen zu sprechen. Ich erinnere mich an unzählige anregende und ungestörte Diskussionen hoch über den Wolken. Für die Vorbereitung späterer Reden schrieb man als Mitarbeiter jede spannende Formulierung mit, was bedeutete, dass man am Ende eines Fluges oft über seitenlange Notizen verfügte.

Auf einem Flug im September 1985 diskutierten wir den im November bevorstehenden ersten Gipfel zwischen Reagan und Gorbatschow in Genf, das Treffen der Warschauer-Pakt-Staaten in Sofia und vor diesem Hintergrund die Chancen eines baldigen Honecker-Besuches in Bonn. Dann schnitt Weizsäcker das Europathema an, weil er im kommenden Monat eine Rede im Europäischen Parlament halten sollte. Über einhundert Jahre, so Weizsäcker, hätten die Europäer unter dem Zusammenprall nationalistischer Übersteigerungen gelitten. Am Ende des fortgesetzten europäischen Bürgerkriegs habe die Entmachtung Europas, seine Abdankung von der Bühne der Weltpolitik und die Vorherrschaft der westlichen und östlichen Großmacht gestanden. Die Begegnung amerikanischer und russischer Truppen im April 1945 in Torgau an der Elbe sei das Symbol für das vorläufige Ende der europäischen Ära.

Wenn Weizsäcker über solche Themen dozierte, vergaß er alles um sich herum. Er entwickelte dann seine Gedanken, die Tonlage veränderte sich, er konnte sich erregen, schneidend sprechen und seinen Thesen durch Handbewegungen Nachdruck verleihen. Hier war sein Thema, das interessierte ihn aus tiefster Seele. Jeder, der dabei gewesen wäre, hätte das sofort bemerkt. Weizsäcker fuhr fort: Heute, vierzig Jahre später, sei die Krise Europas bei Weitem nicht überwunden. Zwar seien die Fortschritte der westeuropäischen Integration in der geschichtlichen Perspektive durchaus eindrucksvoll, aber mit einer Stimme spreche die Gemeinschaft nach wie vor nicht. Der Kontinent leide weiter unter der widernatürlichen Teilung. In Amerika spreche man verächtlich von »Eurosklerose« und wende sich dem pazifischen Becken zu, wo die USA die stärkere ökonomische Dynamik vermuteten. Die Alte Welt verfüge auch kaum über überzeugende kulturelle und politische Ausstrahlung für die Welt. Die Erwartungen, zumal auch vieler Entwicklungsländer, hinsichtlich spezifisch europäischer Beiträge würden enttäuscht.

Weizsäcker hielt das für unerträglich. Europa müsse in den nächsten Jahren zu sich selbst finden oder sich damit abfinden, in die weltpolitische Drittklassigkeit abzusteigen. Die Europäische Gemeinschaft müsse neue Kraft entfalten, politisch ihr Gewicht stärker in die internationale

Waagschale werfen und zu einem Anziehungspunkt für Osteuropa werden. Sie dürfe nicht antiamerikanisch sein, müsse aber doch unabhängiger und selbstbewusster gegenüber den Vereinigten Staaten auftreten. Das sei eine Voraussetzung für die Überwindung der europäischen Teilung. Über diese Themen müssten wir in Zukunft verstärkt nachdenken. Erschöpft ließ ich den Griffel nach diesem Monolog fallen, mehrere Seiten hatte ich notiert, genug Stoff, um darauf die bevorstehende Rede aufzubauen. Heute mag man sich über die Weitsicht dieser Gedanken freuen. An Aktualität haben sie nichts eingebüßt.

Mit großem Einverständnis verfolgte Weizsäcker in den folgenden Jahren den Fortgang der ökonomischen Integration, nicht zuletzt unter der deutschen EG-Präsidentschaft im ersten Halbjahr 1988. Als sich die Staats- und Regierungschefs am 27./28. Juni 1988 in Hannover trafen, fiel der Rückblick auf die vergangenen Monate über Erwarten positiv aus. Die finanziellen Grundlagen der Gemeinschaft waren auf Jahre gesichert, der Strukturfonds zur Überwindung des Nordsüdgefälles in der EG war auf die beachtliche Summe von 110 Milliarden DM für die kommenden fünf Jahre aufgestockt worden, und auf dem Weg zum einheitlichen Binnenmarkt hatte die Gemeinschaft entscheidende Schritte vorwärts getan, nicht zuletzt indem man einen konkreten Zeitrahmen bis zum 31. Dezember 1992 verabschiedete. EG-Kommissionspräsident Jacques Delors lobte vor dem Hintergrund dieser Erfolgsbilanz die Bundesregierung: Sie habe für eine neue europäische Dynamik gesorgt.

Weizsäcker stimmte dem ausdrücklich zu. Kurz nach der Verleihung der Ehrendoktorwürde durch die Universität Oxford betonte der Bundespräsident am 23. Juni 1988 gegenüber Margaret Thatcher, dass die Beiträge Bonns zum Bau Europas *die* überragende Leistung der Regierung

Kohl darstellten. Mehr als alles andere trügen sie die ganz persönliche Handschrift des Bundeskanzlers, würden sein eigentliches inneres Engagement widerspiegeln.

Dennoch blieben natürlich Wünsche offen, vor allem hinsichtlich des Ausbaus der europäischen Währungsunion und einer gemeinsamen europäischen Zentralbank. Margaret Thatcher wehrte sich mit größter Entschiedenheit gegen die Währungsunion. Sie fürchtete um die Stabilität des britischen Pfunds, vor allem aber missfiel ihr die Aussicht, dass sie eines Tages nicht mehr in der Lage sein sollte, die Wirtschafts- und Finanzpolitik auf der Insel allein zu bestimmen. Mit ihrer hartnäckigen Abwehr gegen die Schaffung einer Zentralbank schuf sie sich mehr Feinde als mit jeder anderen ihrer europäischen Quertreibereien. Hier hielt sie den Einigungsprozess gegen den Willen Kontinentaleuropas immer wieder auf. Der britische Außenminister Sir Geoffrey Howe versicherte dagegen bei einem Gespräch im Juni 1988 gegenüber dem Bundespräsidenten, dass in Großbritannien alle Bürger für die Zentralbank seien, bis auf eine einzige Person. Die aber sei nun einmal Premierministerin.

Da bot sich einige Monate später die Gelegenheit, die britische Regierungschefin – in eleganter Manier, versteht sich – ein wenig auf den Arm zu nehmen. Weizsäcker hatte die Aufgabe übernommen, am 1. November 1988 die Laudatio auf die beiden Karlspreisträger des Jahres, François Mitterrand und Helmut Kohl, im Königssaal des Aachener Rathauses zu halten. In seine Ansprache flocht er eine kleine Geschichte, die er der Recherche seines damaligen Redenschreibers Ludger Kühnhardt verdankte, ein: »Der einflussreichste Berater Karls war ein Angelsachse, Alkuin von York. Nach der Ausbreitung angelsächsischer Religiosität auf weite Teile des Kontinents durch Bonifatius und andere lenkte der hochgelehrte Alkuin die Schritte

Karls des Großen in Richtung Macht und Weisheit. Der damals bedeutendste König Offa von Merzien schloss mit Karl den ersten europäischen Handelsvertrag. Ja, mehr als das: Die neue Silbermünze, die Karl im Frankenreich in Umlauf brachte (es war der Schwere Denar, der Vorläufer des Pfennigs), wurde von König Offa als Penny im Inselreich durchgesetzt.

Herz, was begehrst du mehr? Währungsunion, über den Kanal hinweg, schon vor fast zwölfhundert Jahren! Welch hoffnungsvoller Ansporn für Männer und für Frauen, die sich selbst so gern als Anführer Europas verstehen!«

Kurz darauf schickte Weizsäcker seiner amüsanten Geschichte ernste Gedanken hinterher und beendete die Aachener Rede mit einer zuversichtlichen Passage: Die Währungsunion sei notwendig, sie werde deshalb auch unweigerlich kommen. Und in der Tat: Im Juni 1989 beschloss der Europäische Rat in Madrid einen Stufenplan für die Verwirklichung der Wirtschafts- und Währungsunion mit einem Gremium der Zentralbankchefs als Kern der weiteren Entwicklung.

In seiner Rede hatte Weizsäcker auch seine Gedanken zu einer gemeinsamen Außen- und Sicherheitspolitik vertieft und dabei der deutsch-französischen Zusammenarbeit eine entscheidende Rolle zugesprochen. Deutschland und Frankreich seien Geschwister, die seit über tausend Jahren ihre eigenen Wege gegangen seien. Oftmals hätten sie ein Rendezvous in der Geschichte gehabt, aber regelmäßig sei nur einer von beiden zur Stelle gewesen. Heute aber wüssten Frankreich und die Bundesrepublik Deutschland um ihr Gewicht in Europa und die Bedeutung ihrer europäischen Pionierarbeit, die schon Churchill gelobt hatte. Die Empfindlichkeit der anderen europäischen Partner vor zu enger deutsch-französischer Intimität müsse ernst genommen werden, aber die Ehrung Mitterrands und Kohls sei kein »verspätetes Familienfest im Rahmen des alten Frankenreiches Karls des Großen«. Franzosen und Deutsche seien keine »exklusiven Duopolisten«, sondern hinreichend »eurodynamisch«.

Wie nah sich die deutschen und französischen Politiker inzwischen auch persönlich gekommen waren, zeigte sich beim gemeinsamen Essen am Ende der Karlspreis-Zeremonie. Mitterrand, Weizsäcker, Kohl und der Aachener Oberbürgermeister Heinz Malingré saßen an einem Tisch. Kohl lobte Malingré wegen seiner kurzen Ansprache: »Bei uns in der Pfalz sagt man sonntags: kurze Predigt, lange Würste.«

Darauf konterte Mitterrand: »Helmut, das sagst du jetzt schon seit Jahren, aber von deinen Würsten habe ich bisher noch nichts gesehen.«

Kohl wollte das nicht auf sich sitzen lassen und versicherte prompt: »Am Donnerstagabend, das verspreche ich, hast du die Prachtexemplare, und der Richard kriegt auch welche.«

Tief durchatmend legte Weizsäcker daraufhin, mit mitleidsvollem Blick auf Mitterrand, dem Bundeskanzler die Hand auf den Arm und sagte: »Helmut, dann pack aber wenigstens nicht den schrecklichen Saumagen dazu.«

Kaum war das gesagt, stand es, zum Ärger Weizsäckers, auch schon in der Zeitung. Verständliches Protestgeheul der pfälzischen Metzger einschließlich ihrer Kunden in allen Teilen der Republik erhob sich. Klaus Schoepe aus dem niedersächsischen Peine schrieb einen Brief, in dem er Weizsäckers »schlimmes Wort« als bösen Affront gegen (fast) alle Pfälzer und gegen alle saumagenmögenden Pfalzbesucher bezeichnete. Da Weizsäcker so ein feinsinniger Mensch sei, müsse er doch einfach Saumagen lieben. Die

einzige Erklärung sehe er darin, dass ein »verantwortungs-
loser Metzger« dem Präsidenten einmal einen schlechten
Saumagen vorgesetzt haben müsse. Um diesen negativen
Eindruck zu löschen, lade er Weizsäcker ein, in der kleinen
Landgaststätte »Zum Berwartsstein« in Erlenbach bei Bad
Bergzabern einen erstklassigen Saumagen zu probieren.

Das war aber gar nicht mehr nötig, denn mittlerweile war
die Wurstsendung des Bundeskanzlers in der Villa Hammerschmidt eingetroffen. Außerdem hatte der Bürgermeister
der pfälzischen Gemeinde St. Martin dem Bundespräsidenten drei verschiedene original Pfälzer Saumagen für sein
leibliches Wohl übersandt, die Weizsäcker gleich danach
»in tätiger Reue« verspeiste. Er hatte schließlich seine
Bemerkung nicht wegen einer etwaigen Abneigung gegen
Saumagen schlechthin gemacht, sondern in Erinnerung an
seine Pfalzwanderungen mit Helmut Kohl in den sechziger und siebziger Jahren, wo er bei jeder Rast eine Portion
Saumagen hatte essen müssen. Die Leidenschaft Kohls für
diese Wurst, die ihm auch den Titel »Botschafter des Sau-
magens« eingetragen hatte, die, in der Tat, teilt Weizsäcker
nicht ganz.

Engagement für ein handlungsfähiges Gesamteuropa

Auch nach der Beendigung seiner Amtszeit als Bundespräsident gehörte Europa zu den wichtigsten Themen für Weizsäcker, ja es rückte mehr und mehr in das Zentrum seines
Denkens und Wirkens. Er setzte sich mit aller Kraft für die
Öffnung der EU nach Osten ein, trat vehement als Anwalt
für die Staaten Mittel- und Osteuropas bei ihrem Weg in die
Union auf und forderte gleichzeitig die Vertiefung der europäischen Institutionen, weil auch die erweiterte EU hand-

lungsfähig bleiben müsse. Vor allem galt sein Augenmerk Polen, das für uns genauso wichtig sei wie Frankreich zu Beginn der Westintegration vor einem halben Jahrhundert. In dieser Hinsicht gab es eine fast lupenreine Übereinstimmung mit Bundeskanzler Helmut Kohl. Vor dem Hintergrund mancher Kontroversen zwischen Weizsäcker und Kohl wird das hohe Maß an Übereineinstimmung, das zwischen beiden gerade in der Europapolitik herrschte, oft vergessen. Weizsäcker wehrte sich – wie der Kanzler – dagegen, in der Öffnung der EU einen Gegensatz zum Ziel der Vertiefung zu sehen. Beides musste gleichzeitig geleistet werden, ja die Erweiterung konnte als Lokomotive für die Reform der EU-Institutionen dienen: Neue Mitglieder würden den Druck verstärken, handlungsfähige Strukturen zu bilden. Es sei die Herausforderung für die führenden Politiker Europas, das grundlegende Ziel der Erweiterung zu erreichen und innerhalb desselben Zeitrahmens eine ihrer Konsequenzen, nämlich die notwendige innere Reform, zu bewältigen, damit eine erweiterte Union agieren könne.

Im September 1999 bat der Präsident der EU-Kommission, Romano Prodi, den ehemaligen belgischen Premierminister Jean-Luc Dehaene, den früheren britischen Minister und ehemaligen BP-Chef Lord Simon of Highbury sowie den Expräsidenten der Bundesrepublik Deutschland Richard von Weizsäcker im Hinblick auf die bevorstehende Regierungskonferenz zur Reform der EU um eine Studie. Sie sollten frei ihre Ansichten zu den institutionellen Auswirkungen der EU-Erweiterung äußern und die Probleme benennen. Wenig später, nämlich am 18. Oktober 1999, legte die Gruppe ihren Bericht der Öffentlichkeit vor und vertrat ihn in den kommenden Monaten mit großer Medienresonanz überall in Europa. Weizsäcker hatte zahlreiche Auftritte in Deutschland, darunter auch vor dem Europa-Ausschuss des

Bundestages, den ich damals leitete. Kraftvoll wie eh und je kritisierte Weizsäcker gegenüber uns Parlamentariern die schwerfälligen Entscheidungen, langwierigen Debatten und die mangelnde Koordinierung zwischen zu vielen Räten. Auch die EU-Kommission zeichne sich durch unzulängliche Funktionsweise aus, was zu »Führungsschwäche« führe. Außerdem beklagte er die mangelnde Transparenz, Flexibilität und Rechenschaftspflicht der europäischen Institutionen, ihre Bürgerferne.

Weizsäcker focht für die Stärkung des Kommissionspräsidenten, der eine klare Richtlinienkompetenz haben und echten Einfluss auf die Benennung der Kommissare nehmen müsse. Er forderte die Ausweitung von Mehrheitsentscheidungen gegenüber dem Einstimmigkeitsprinzip, um Blockademöglichkeiten zu verringern, eine verbesserte Außenvertretung der EU, gegebenenfalls durch einen EU-Außenminister, und eine Ausweitung der Mitentscheidungen des Europäischen Parlaments. Europa müsse »erwachsen« werden.

In zahlreichen Stellungnahmen und Interviews in ganz Europa vertrat er die Auffassung, dass es nicht nur um die Beitrittsfähigkeit der Staaten Mittel- und Osteuropas gehe, sondern genauso um die Aufnahmefähigkeit der alten EU. Vor diesem Hintergrund sei es notwendig, auch über die »Grenzen der Europäischen Union« zu sprechen. Die drei Gutachter vermieden es allerdings, selbst eine Auffassung zu formulieren, wo diese Grenzen zu ziehen seien. Sie sahen die Wichtigkeit einer Beitrittsperspektive etwa für die Staaten des Balkans, die Türkei oder die Ukraine, behandelten aber nicht die Frage, was eine Aufnahme dieser Länder für den Zusammenhalt und die Aktionsfähigkeit der EU bedeuten würde. Aber immerhin war klar geworden, dass es – bei allem guten Willen – ein wichtiges Kriterium im

Erweiterungsprozess gab, das mit der demokratischen und wirtschaftlichen Reife der Beitrittsländer nichts zu tun hatte, wohl aber mit dem inneren Zustand der EU.

Es ist immer schwer, den Einfluss zu messen, den solche Berichte auf die Meinungsbildung der Parlamentarier und Regierungen in Europa nehmen. Aber die große Resonanz und die Tatsache, dass der später von dem europäischen Konvent und der Regierungskonferenz beschlossene Text die Spuren der Empfehlungen der kleinen Kommission widerspiegelte, sind ein Hinweis dafür, dass die Arbeit der drei ja nicht umsonst gewesen sein dürfte.

Als die Staats- und Regierungschefs der EU am 29. Oktober 2004 auf dem Kapitol zu Rom den Vertrag für eine Verfassung in Europa feierlich unterzeichneten, sprach Weizsäcker von einem »Ereignis von wahrhaft historischer Bedeutung«. Jetzt müssten die Regierungschefs vom hohen Kapitol herabsteigen und sich ihren Landsleuten stellen und für die Ratifizierung werben. Es komme darauf an, dass die EU zu einer echten politischen Union reife, die ihre Interessen und ihre Verantwortung in der Welt wahrnehme: ein friedlicher Dialog mit 1,5 Milliarden Moslems, Stabilität auf dem Balkan, Stärkung der Vereinten Nationen, Pflege der transatlantischen Partnerschaft. Weizsäcker damals: »Die ganze Welt in ihrer Armut, ihren Handelssorgen, ihrer Klimaabhängigkeit blickt voller Erwartung auf uns 450 Millionen Europäer. Wir dürfen sie nicht enttäuschen. Unser Verfassungsentwurf ist ein Schritt von entscheidender globaler Bedeutung. Die EU ist das erste große, kontinentale Friedenswerk in der Welt.«

Hatte Weizsäcker nicht an diesem Friedenswerk einen wichtigen Anteil? Nicht als Regierungschef, aber als steter Mahner zur Ost-West-Entspannung und Überwindung der Teilung des Kontinents vor 1989 und als Antreiber der EU-Öffnung und -Reform danach. Was dort in Rom beschlossen wurde und was nach den in Europa üblichen Vor- und Rückschritten in veränderter Form, aber im Kern gleich, in den Vertrag von Lissabon mündete und schließlich 2009 ratifiziert wurde – das war es, wofür er in seinem ganzen politischen Leben gewirkt hatte.

Es ist erstaunlich, wie viel Weizsäcker in seinem politischen Leben über Europa nachgedacht und gesprochen hat – und zwar nie als »Karolinger«, als ausgesprochener Westeuropäer, sondern immer mit Blick auf das ganze Europa. Und es fällt auf, wie wenig im Vergleich dazu Russland in seinen Betrachtungen und Aktivitäten eine Rolle spielen. Weizsäcker liebt die russische Musik und Literatur – Tolstois *Krieg und Frieden* hatte er im Marschgepäck während des Krieges dabei –, und er ist sich der Bedeutung Russlands für die europäische Entwicklung und zumal Deutschlands natürlich bewusst. Auch hat er zu Zeiten der Sowjetunion wichtige Reisen nach Moskau und Leningrad unternommen. Und nach der europäischen Revolution ist er einige Male in Russland gewesen. Aber ohne Zweifel: die mittel- und osteuropäischen Länder liegen ihm innerlich näher. Václav Havel und Tadeusz Mazowiecki sind enge Geistesverwandte und Freunde. In Russland hat er solche nicht. Weizsäcker würde, vor dem Hintergrund der deutschen Geschichte des letzten Vierteljahrtausends, niemals auf den Gedanken kommen, mit Russland über die Köpfe der Mittel- und Osteuropäer hinweg einen geopolitischen Handel abzuschließen. Russlands Sicherheitsinteressen ernst nehmen, mit Russland ökonomisch eng zusammenarbeiten und bei den globalen Herausforderungen eine partnerschaftliche Abstimmung herbeiführen – natürlich. Aber das Herzblut und die Wärme, die seine Äußerungen zum Beispiel gegenüber den Polen oder den Tschechen kennzeichnen, findet man im Hinblick auf Russland nicht.

Das Gleiche lässt sich, vielleicht sogar noch stärker, für die Vereinigten Staaten von Amerika feststellen. In seinem 2009 erschienen Buch über den *Weg zur Einheit* kommt Russland immerhin auf einigen Seiten zu Ehren, auch Gorbatschows Rolle wird in einem eigenen Kapitel gewürdigt. Die USA hingegen, die als Erste und vehement für die deutsche Einheit eintraten, kommen kaum vor. George Bush senior findet auf über zweihundert Seiten gerade zweimal kurz Erwähnung – nie als eigener Akteur. Allerdings: Als ich Weizsäcker darauf anspreche, räumt er sofort ein, dass Bush und die USA mehr Platz verdient hätten. Diese Kritik nehme er gerne an. Es liege wahrscheinlich daran, dass er die Solidarität der Vereinigten Staaten und unser gutes Verhältnis zu ihnen für zu selbstverständlich erachte. Er wolle sich bemühen, diesen Eindruck, der seiner Überzeugung widerspreche, demnächst zu korrigieren.

Dennoch: Wenn man den Blick auf Weizsäckers bisheriges gesamtes Leben und Werk richtet, dann bestätigt sich der Befund: Die USA werden durchaus freundlich behandelt, die gemeinsamen Werte und die Leistungen der Amerikaner für die Bewahrung der Freiheit, zumal des geteilten Berlins, immer wieder gewürdigt. Es gibt nicht den Schatten von Antiamerikanismus. Doch das Verhältnis zu Amerika bleibt stets rational. Der vertiefte Zugang zur amerikanischen Seele, das Einfühlen in amerikanische Befindlichkeiten und die Emotionen, das bei Weizsäcker immer eine Rolle spielt, wenn er über Europa spricht, bleibt aus. Wenn Weizsäcker sich in den letzten Jahren mit den USA befasste, dann nahm er sie zwar deutlich gegen antiamerikanische Vorwürfe in Schutz, gleichzeitig aber grenzte er sich ab. Die Forderung von Jürgen Habermas, die Identität Europas gerade auch in der Abgrenzung zu den USA zu suchen, liegt Weizsäcker, bewusst oder unbewusst, nicht fern.

Partner, nicht »Pudel« der USA

Das Selbstbewusstsein des in der Tradition einer alten Familie und in Geschichte und Kultur des Kontinents tief verankerten Europäers gegenüber den Vereinigten Staaten war immer zu spüren, wenn sich Richard von Weizsäcker zu transatlantischen Fragen äußerte. Auf dem Katholikentag in Aachen im September 1986 reklamierte er den Begriff »westlich« für die Alte Welt: »Das, was wir westlich nennen, ist nicht amerikanisch, sondern europäisch. Auch das, was die Amerikaner westlich macht, ist europäisch. Ihre Freiheitsidee wurzelt in unseren europäischen Gedanken. Darin sind wir ihnen unverbrüchlich verbunden, genauer gesagt: sie mit uns ...«

Schon als Regierender Bürgermeister von Berlin zeigte er dieses Selbstbewusstsein. Natürlich wusste er genau, dass gerade Berlin den Amerikanern unendlich viel zu verdanken hatte, nicht zuletzt die Luftbrücke, die Ende der vierziger Jahre das Überleben des freien Berlins ermöglichte. Ohne die US-Präsenz, ohne die militärischen Garantien – bis hin zu einer atomaren Konfrontation – waren die Freiheit in West-Berlin und die Bindungen an die Bundesrepublik auch in den achtziger Jahren nicht zu bewahren. Berlin brauchte die USA. Weizsäcker wurde nicht müde, das bei jeder Gelegenheit zu betonen, die Dankbarkeit gegenüber der »Schutzmacht« herauszustreichen und die Vertreter der USA, an der Spitze den alliierten Stadtkommandanten, gebührend wahrzunehmen. Aber als er sich im Herbst 1983 mit Erich Honecker in Schloss Niederschönhausen zum Gespräch traf, erfuhren die Amerikaner erst hinterher davon. Brav unterrichtete Weizsäcker den Stadtkommandanten unmittelbar nach seiner Unterredung und betonte dabei die enge Übereinstimmung mit den USA in allen deutschlandpolitischen

Zielsetzungen – eigentlich aber hätte er vorher um Erlaubnis fragen müssen. Aber genau das wollte er nicht. Zentimeterweise rang er um immer mehr deutsch-deutsche Freiräume, er und nicht der Statthalter des amerikanischen Präsidenten war der Chef von Berlin.

Weizsäcker wagte es von Anbeginn, seinen Äußerungen über die amerikanische Außenpolitik kritische Untertöne beizufügen. Als der amerikanische Außenminister Alexander Haig Berlin Mitte September 1981 besuchte – Weizsäcker war erst wenige Monate im Amt –, da erinnerte er Haig an den Harmel-Bericht der NATO aus dem Jahr 1967, der die Zusammengehörigkeit von »defense« und »detente«, von Verteidigung und Entspannung, betont hatte. Keine Frage: Das war eine freundlich-verbindlich, aber doch eindeutige Kritik am Kurs der Reagan-Regierung, die seiner Auffassung nach die militärische Aufrüstung und eine harte Sprache gegenüber der Sowjetunion in den Mittelpunkt ihres Handelns gestellt hatte. Der Hinweis auf die Verbindung von militärischer Stärke und der Bereitschaft zu konkreter Zusammenarbeit war in den Jahren der Ost-West-Auseinandersetzungen Weizsäckers *ceterum censeo*. Mit gutem Recht, wie sich später herausstellte: Genau durch die Mischung aus westlicher Entschiedenheit (Nachrüstung) und westlichem Entspannungswillen (KSZE, deutsche Ostpolitik) wurde letztlich der Kalte Krieg und damit die Krise Europas überwunden. Hätte man nur auf militärische Stärke oder nur auf guten Willen und Entspannung gesetzt – das Unternehmen wäre schiefgegangen.

In Berlin hatten sich damals etwa 50 000 friedensbewegte Demonstranten versammelt, um gegen Haig zu protestieren. Weizsäcker war beeindruckt, wie Haig auf die zum Teil sehr persönlichen und radikalen Anwürfe reagierte. Der Außenminister zitierte Voltaire: »Ich bin nicht Ihrer Meinung, aber ich werde bis zu meinem Tod dafür kämpfen, dass Sie Ihre Meinung frei äußern dürfen.« Das war eine eindrucksvolle Bestätigung der amerikanischen Schutzgarantie für Berlin, selbst im Zeichen antiamerikanischer Proteste. Weizsäcker flüsterte mir, dem neuen Mitarbeiter, gleich nach der Haig-Rede zu: »Solche Ideen brauchen wir in Zukunft auch für unsere Reden.«

Mit Reagan verband ihn nicht viel. Man kann wahrlich nicht sagen, dass sie sich irgendwie ähnelten oder interessierten. Aber der amerikanische Präsident war natürlich wichtig. Im Sommer 1983 hatte Weizsäcker als Regierender Bürgermeister, wie damals aufgrund des besonderen Status von Berlin üblich, einen Termin im Weißen Haus bekommen. Wir flogen in einer Concorde über den Atlantik und diskutierten den ganzen Flug über »die Botschaft«, die Weizsäcker dem Präsidenten vermitteln sollte. Wann hat man schon einmal die Chance, das Ohr des mächtigsten Mannes der Welt zu erhalten? Es war der Höhepunkt der Debatte über die »Nachrüstung«, also die Stationierung amerikanischer nuklear bestückter Pershing-Mittelstreckenraketen und Marschflugkörper (Cruise Missiles) in Deutschland – als Antwort auf die Stationierung von sowjetischen SS-20-Atomraketen in der DDR. Weizsäcker, eben auch in der Berliner Funktion in erster Linie an den großen internationalen Fragen interessiert, entschloss sich dazu, auf die Befindlichkeiten in Deutschland einzugehen und vor diesem Hintergrund Reagan nahezulegen, gleichzeitig mit der Stationierung der neuen Mittelstreckenraketen eine Abrüstung der nuklearen Artillerie und Kurzstreckenraketen in Europa vorzunehmen. Am Ende, so Weizsäcker, wären es dann – trotz Pershing und Cruise Missiles – weniger und nicht mehr atomare Sprengköpfe in Europa. So könne man mehrere Fliegen mit einer Klappe schlagen: Mitteleuropa würde von den selbstzerstörerischen Kurzstreckenwaffen befreit und der Friedensbewegung würde man den Wind aus den Segeln nehmen. Nicht Aufrüstung, sondern Modernisierung mit weniger Sprengköpfen – das sollte die Politik der Allianz sein.

Weizsäcker trug unmittelbar nach der Landung diese Themen Reagan im Oval Office vor. Reagan blickte vor sich hin, antwortete freundlich: »Oh yes«. Weizsäcker legte nach, Reagan nickte. So ging es eine Weile weiter, bis Weizsäcker alles losgeworden war, was er als Botschaft im Kopf hatte. Reagan hatte immer nur freundlich genickt, oh yes gesagt, allerdings sich nicht einmal zu Wort gemeldet. Hatte er überhaupt verstanden, worum es ging? Der neben ihm sitzende Nationale Sicherheitsberater wurde unruhig, er sah Reagan auffordernd an. Der straffte sich schließlich, spürte, dass es so nicht weitergehen konnte. Auf einmal schaute er konzentriert – kam nun endlich die inhaltliche Antwort? Reagan setzte an: Er freue sich, dass wir im nächsten Jahr dreihundert Jahre deutsch-amerikanische Freundschaft feierten. Er erinnere sich gerne an seinen Besuch mit Nancy in Berlin vor Jahresfrist, und die USA stünden auch in Zukunft unverbrüchlich an der Seite Berlins. Dann nahm er die Bonbondose der KPM entgegen, lobte sie und räusperte sich als Signal, dass das Gespräch nun beendet sei. Weizsäcker und ich sahen uns kurz an: War das wirklich alles? Was für den Regierenden Bürgermeister ein Höhepunkt auf der politischen Agenda war, bedeutete für den amerikanischen Präsidenten verständlicherweise einen eher lästigen, kleinen Pflichttermin. Dennoch blieb die Frage: Bei wem sollte man solche fundamentalen Betrachtungen denn hinterlegen in Washington, wenn der amtierende Präsident sich nicht dafür interessierte?

Auch später als Bundespräsident hat Weizsäcker nie mit Kritik an den USA hinter dem Berg gehalten, wenn es ihm

inhaltlich geboten schien. Schon in seiner Antrittsrede am
1. Juli 1984 hatte Weizsäcker deutliche Worte an die Adresse
der Reagan-Regierung gerichtet: »Es gilt, bei der Sowjetunion, aber auch bei uns selbst, einem gegenseitigen allzu
vereinfachten Feindbild entgegenzuwirken. Auch fördert es
den Frieden nicht, die Welt in Gut und Böse einzuteilen.«

In der gleichen Rede hatte Weizsäcker auch die in Washington damals verbreitete These abgelehnt, man könne
den Gegner mit einem neuen Rüstungswettlauf in die Knie
zwingen. Was meinte er damit? Die amerikanische Regierung begann, politischen Druck auf die Verbündeten auszu-
üben, sich an der sogenannten »Strategischen Verteidigungs-
initiative« (SDI), besser bekannt als »Krieg der Sterne«, zu
beteiligen und entsprechende Abkommen mit Washington
zu unterzeichnen. Weizsäcker hielt das von Beginn an für
einen völlig falschen Ansatz. Er beschloss im Rahmen seiner
Möglichkeiten alles zu tun, um diesen »gefährlichen Unfug«,
wie er es nannte, zu unterbinden.

Am 4. März 1985, nach einem Gespräch mit Nato-Gene-
ralsekretär Lord Carrington in der Villa Hammerschmidt,
äußerte sich der Bundespräsident erstmals in der morgend-
lichen Lagebesprechung kritisch zu SDI. Er befürchtete, dass
die Amerikaner den Schutzschild nur für ihren Kontinent
errichten würden und die »erweiterte Abschreckung«, die
durch die nukleare Haftung Amerikas für Europa bisher
den Krieg verhindert habe, obsolet werde. Bestand nicht die
Gefahr, dass sich die Amerikaner, einmal durch ein perfektes
Abwehrsystem gesichert, aus der Alten Welt zurückziehen
würden? Würde es nicht zwangsläufig »Zonen unterschiedlicher Sicherheit« im Bündnis geben und Westeuropa von
Amerika abgekoppelt werden? Würden die Isolationisten in
den Vereinigten Staaten nicht Aufwind bekommen? War SDI
nicht insofern ein »Dolchstoß für die Atlantiker«, wie der

Hamburger Politikwissenschaftler Christian Hacke damals im *Deutschen Allgemeinen Sonntagsblatt* prophezeite?

Vor dem Argument, man müsse bei SDI mitmachen, um zu erwirken, dass auch ein Schild gegen sowjetische Mittel- und Kurzstreckenraketen in Europa aufgebaut würde, hielt Weizsäcker wenig. Er glaubte einfach nicht, dass es technisch in absehbarer Zeit möglich sein könnte, gegen Nuklearraketen kürzerer Reichweite eine wirksame Abwehr aus dem All zu organisieren. Aber selbst wenn dies technisch möglich wäre, erhebe sich die Frage, wer dafür garantiere, dass die Sowjets nicht erneut Gegenwaffen, etwa zur Täuschung der Beobachtungssensoren im Weltraum, entwickelten? Herauskommen würde ein neues Wettrüsten, das astronomische Summer verschlingen müsste.

In einem vertraulichen Gespräch mit James Markham von der *New York Times* am 21. März 1985 fügte Weizsäcker seiner kritischen Haltung noch ein weiteres Argument hinzu: Anfang der achtziger Jahre habe die Friedensbewegung die Abschaffung der »unmoralischen Abschreckungsstrategie« gefordert. Die führenden Politiker im Westen hätten damals mit dem Argument dagegengehalten, dass nur durch das Gleichgewicht des Schreckens, also die Androhung totaler Vernichtung, der Krieg in Europa bisher verhindert worden sei. Wenn aber jetzt mit Reagan der führende Mann im westlichen Bündnis selbst die Abschreckung infrage stelle, sie sogar »unmoralisch« nenne und die vage Hoffnung verbreite, eines Tages über ein perfektes Laser-Abwehrsystem zu verfügen, dann trage das nicht zur Glaubwürdigkeit der Sicherheitspolitik bei: »Man kann die öffentliche Meinung nicht ungestraft von einer moralischen Ecke in die andere drängen. Was ist, wenn die Wissenschaftler in einigen Jahren zu dem Ergebnis kommen, dass SDI doch keinen perfekten Schutz bildet und man wieder in die graue Welt der

Abschreckung eintauchen muss? Sollen wir dann den Bürgern wieder die Moralität der Abschreckung beibringen? Wer wird uns dann noch glauben?«

Je intensiver die Diskussion wurde, desto weniger war Weizsäcker gewillt, seine Kritik nur in Hintergrundgesprächen zu artikulieren. Eine gute Gelegenheit für eine öffentliche Äußerung boten die 35. Deutsch-Britischen Gespräche im März 1985 in Königswinter am Rhein. Weizsäcker, der dort eine Rede hielt, erklärte damals wörtlich: »Das Verhältnis zwischen Europäern und Amerikanern ist in den vergangenen Wochen in erster Linie unter dem Aspekt diskutiert worden, warum Europa seine technologische Dynamik verloren hat und wie es nun wieder Anschluss an die amerikanische Technologie finden kann. Das ist wichtig, und es kann durchaus sein, dass die Arbeit an neuen Waffensystemen die technische Entwicklung beschleunigen kann. Aber wenn wir Fragen der gemeinsamen Sicherheit und Ost-West-Politik mit den Amerikanern diskutieren, dann sollten wir uns nicht nur von diesen Sorgen einer Technologielücke leiten lassen. Wir sollten es nicht zulassen, dass allein technologische Aspekte die Zusammenarbeit in der Allianz bestimmen.«

Natürlich war sich der Präsident darüber im Klaren, dass er mit seiner Äußerung bis an die Grenze einer Einmischung in die Tagespolitik gegangen war. Das wog umso schwerer, als die Bundesregierung sich immer mehr auf SDI einzulassen schien. Im Juni 1985 führte eine Expertengruppe unter Leitung von Kanzlerberater Horst Teltschik zahlreiche Gespräche in den USA, und am 27. März 1986 unterzeichneten Bonn und Washington eine Vereinbarung über die Beteiligung von Firmen der Bundesrepublik Deutschland an dem Sternenkriegsprojekt. Allerdings verzichtete Bonn auf eine staatliche Mitwirkung an SDI. Einige Jahre später ließ Washington die kostspielige Vision des Sternenkrieges einschlafen.

Aber neben solchen Beispielen der ehrlichen Kritik an der Haltung der Vereinigten Staaten gab es im entscheidenden Moment auch Solidarität von Weizsäcker. Er wusste genau, wo ein deutscher Präsident im Zweifel zu stehen hatte. Am 5. April 1986 explodierte in der vornehmlich von US-Soldaten besuchten Berliner Diskothek »La Belle« eine Bombe. Bei diesem Terroranschlag wurden zwei Amerikaner und eine Türkin getötet und 230 Menschen verletzt. Ein Woche später führten die Amerikaner, denen Hinweise für eine libysche Beteiligung an der Aktion vorlagen, einen Vergeltungsschlag gegen ausgewählte Ziele in Tripolis und Bengasi durch, mit der offensichtlichen Absicht, das Quartier des Obersten Gaddafi zu treffen. Gaddafi war in den vergangenen Jahren immer wieder als Drahtzieher des internationalen Terrorismus in Erscheinung getreten; nun sollte er die Quittung dafür erhalten. Der Diktator jedoch hatte Glück, die amerikanischen Geschosse verfehlten ihn knapp.

Die öffentliche Meinung in Europa reagierte auf den amerikanischen Angriff mit massiver Kritik. Empörte Kommentare in den Medien verwiesen auf die Opfer in der libyschen Zivilbevölkerung – Bomben auf unschuldige Menschen seien die falsche Antwort auf Terrorismus. Auch die zwölf EG-Außenminister, die am 14. April 1986 in Brüssel zusammenkamen, konnten dem Bombardement keine Sympathie abgewinnen.

In Amerika breitete sich wegen dieser Reaktionen der Europäer allgemeine Enttäuschung aus. Davon berichtete der frühere Außenminister Henry Kissinger, ein alter Bekannter Weizsäckers, dem Präsidenten bei einem eineinhalbstündigen Gespräch am Vormittag des 5. Mai 1986. Kissinger sprach von einem »Gefühl des Ärgers« daheim, das er in dieser Weise noch nie gegenüber Europa erlebt habe. Die Amerikaner könnten kein Verständnis dafür aufbringen, dass die Verbündeten sich so unsolidarisch zeigten. Auch er könne nicht nachvollziehen, dass jetzt gegen die Amerikaner demonstriert würde, aber kaum jemand gegen die Ermordung von 240 amerikanischen Marines im Libanon protestiert habe.

Auch wenn er wahrlich nicht mit den gelegentlichen Muskelspielen im Weißen Haus sympathisierte, konnte Weizsäcker doch die Emotionen der USA gut nachvollziehen. Daher wollte er den Amerikanern seine Freundschaft zeigen. In dieser Absicht besuchte Weizsäcker in Begleitung des US-Stadtkommandanten John H. Mitchell demonstrativ acht amerikanische Soldaten in den Andrews-Kasernen in Berlin.

In einer anschließenden Diskussion mit amerikanischen Offizieren wurde Weizsäcker von einem Colonel nach seiner Meinung zu der amerikanischen Vergeltungsoperation gefragt. Er habe, so erläuterte der Präsident, »vollstes Verständnis« für die amerikanische Reaktion. Bei aller unterschiedlichen Einschätzung der Wirkungsweise von Gegenschlägen machten es sich die Deutschen ein wenig zu einfach: »Wir haben nicht schnell, ausreichend und nicht tief genug verstanden, warum sich Reagan angesichts der TV-Bilder nicht in seinem Sessel zurücklehnen und gar nichts tun konnte.« Es ist doch klar, so lautete die Botschaft, dass Amerika sich nicht auf Dauer demütigen lassen könne. Die amerikanischen Soldaten hatten solche Worte wohl lange nicht mehr gehört. Weizsäcker erhielt demonstrativen Beifall. Einen Tag später schickte der Botschafter der Vereinigten Staaten in Bonn, der kantige Richard Burt, dem Bundespräsidenten einen Dankesbrief: »Ihr Besuch hat mich und alle Amerikaner tief bewegt. Dieser symbolische Akt und Ihre unterstützenden Worte werden, dessen bin ich sicher, die Verbindung zwischen unseren Gesellschaften festigen.«

Mit Freude sah Weizsäcker, dass gegen Ende der zweiten Amtszeit Reagans sich eine deutliche Entspannung des Kalten Krieges abzuzeichnen begann. Sichtbarster Ausdruck dafür war ein Abkommen zwischen den USA und der Sowjetunion über die Abschaffung aller nuklearen Mittelstreckenraketen (INF-Vertrag). Trotzdem blieb Weizsäcker gegenüber Reagan bis zum Schluss skeptisch. Wesentlich mehr traute er dem Nachfolger Reagans, George Bush, zu. Er hatte ihn schon in dessen Funktion als Vizepräsident in Berlin kennen- und schätzen gelernt. Am 23. Februar 1989 kam es in der amerikanischen Botschaft in Tokio zu einem ersten längeren Meinungsaustausch zwischen Weizsäcker und seinem erst seit einem Monat amtierenden amerikanischen Kollegen. Anlass für beide, nach Tokio zu kommen, waren die Trauerfeierlichkeiten für den japanischen Kaiser, den Tenno. Das einstündige Gespräch verlief glänzend. Bush zeigte sich an außen- und deutschlandpolitischen Fragen hoch interessiert, wollte die Ost-West-Entspannung unbedingt fortsetzen und mit Gorbatschow eng zusammenarbeiten. Vor allem lege er Wert auf den unabhängigen Rat von loyalen Freunden, auch wenn dieser kritisch ausfallen sollte. Er wolle mehr als bisher zuhören und konsultieren. Weizsäcker und der ihn begleitende Genscher waren über solche neuen Töne begeistert. Bush senior schien es wirklich um Partnerschaft zu gehen, nicht um Gefolgschaft. Wenige Monate später, bei seinem Deutschlandbesuch, prägte er die berühmte Formel von den »partners in leadership«, den Führungspartnern USA und Deutschland.

Von diesem Geist war bei seinem Sohn, George W. Bush, nicht mehr viel zu spüren. Als ich mit der damaligen Oppositionsführerin Angela Merkel im Februar 2003 in die Vereinigten Staaten reiste, trafen wir zufällig Weizsäcker auf dem Flughafen in Frankfurt. Er nahm mich beiseite und beschwor mich: Bush sei auf einem völlig falschen Weg, der Besuch von uns dürfe nicht als Zustimmung zu einem bevorstehenden Krieg der USA mit dem Irak gewertet werden. Ich beruhigte den Präsidenten: Frau Merkel habe das nicht vor, im Gegenteil wolle sie, ohne den Druck der UN-Resolutionen von Saddam Hussein zu nehmen, für eine friedliche Lösung werben. Auf der anderen Seite sei die Haltung der Regierung Schröder unakzeptabel. Sie bilde eine offene Koalition mit Russen und Franzosen gegen die Amerikaner und spalte damit auch Europa. Frau Merkels Reise habe das Ziel, deutlich zu machen, dass die CDU/CSU trotz aller legitimen Kritik an Bush genau wisse, wer die Freunde Deutschlands seien. Einfluss könne in Washington nur der ausüben, der als loyaler Freund und nicht als öffentlicher Kritiker daherkomme. Wir blieben unterschiedlicher Meinung – nicht über den jüngeren Bush, nicht über den Krieg, sondern über die Pflicht einer Fraktionsvorsitzenden der CDU/CSU in dieser Situation. Angela Merkel entschied sich damals für den unpopulären Kurs, die Solidarität mit den USA trotz großer Zweifel. Sie versuchte in Washington und New York bis zuletzt, einen Weg aus der sich anbahnenden Eskalation zu finden.

Wenig später, im April 2003, wurde Weizsäcker eine große Ehre zuteil. Die Paul H. Nitze School of Advanced International Studies (SAIS) der Johns-Hopkins-Universität in Washington richtete eine Richard-von-Weizsäcker-Professur ein. Weizsäcker hielt zu diesem Anlass vor Professoren und Studenten der Universität eine Grundsatzrede zum deutsch-amerikanischen Verhältnis. Keine leichte Aufgabe, weil die Beziehungen zwischen Washington und Berlin selten schlechter waren als zu jener Zeit. Er begann wie gewohnt

mit freundlichen Anmerkungen zu der amerikanischen Hilfe
nach dem Zweiten Weltkrieg, die ihn, Weizsäcker, persönlich und politisch geprägt habe. Auch in Zeiten von transatlantischen Spannungen bleibe diese Erfahrung im Kern
bestehen. Amerikaner und Europäer seien »Kinder der
Aufklärung«, glaubten an Demokratie, Rechtsstaatlichkeit,
Menschenrechte und Marktwirtschaft. Wichtig in einer
Freundschaft aber sei gegenseitige Offenheit (»frankness«).
Trotz aller transatlantischen Unterschiede hinsichtlich von
Macht und Relevanz: Vasallen seien keine Freunde. Es sei
wahr, dass die Europäer die tiefe Bedeutung des 11. September 2001 für das amerikanische Selbstverständnis nicht
vollständig begriffen hätten, aber schon vor diesem Datum
habe Amerika »einseitige« Entscheidungen getroffen, das
Kyoto-Protokoll und den atomaren Teststopp-Vertrag nicht
ratifiziert, den Vertrag über Raketenabwehr (ABM-Treaty)
gekündigt und den Internationalen Gerichtshof in Den
Haag nicht anerkannt. Die USA würden eine »Achse des
Bösen« alleine definieren, sich präventive Militärschläge
gegen gefährliche Staaten vorbehalten und hätten eine alles
dominierende Militärmacht aufgebaut. Schließlich habe
Präsident George W. Bush erklärt, dass er sich an Beschlüsse
der UNO nicht halten werde, wenn seine Verantwortung
gegenüber dem eigenen Land eine andere Haltung erfor-
dere. Weizsäcker bezweifelte keineswegs, dass diese Haltung dem alten amerikanischen Idealismus entsprach, die
Welt zu verbessern. Er wollte sich gar nicht moralisch über
Bush erheben und verstand immer, dass die Sicht auf die
UN aus amerikanischer Perspektive anders ausfallen muss
als aus europäischer. Ihm ging es nicht um eine moralische
Kritik. Seiner Meinung nach war es schlichtweg nicht im
Interesse der USA, sich nicht positiver zur UN und generell
zum Multilateralismus zu bekennen. Auch eine Großmacht

könne nicht alles alleine, sie bleibe auf die Mitwirkung und Sympathie der Staatengemeinschaft angewiesen. Außerhalb der Vereinigten Staaten aber werde die Haltung Bushs, so Weizsäcker explizit in seiner Rede, als »provokativer Unilateralismus« verstanden. Die Länder und Völker seien nicht bereit, eine unipolare Welt zu akzeptieren.

Weizsäcker sprach einen anderen Punkt in großer Deutlichkeit an, nämlich das, was er als Spaltungsversuch der Amerikaner im Hinblick auf die EU interpretierte. Aus dem »Haus mit den fünf Ecken« (dem Pentagon) sei die Unterscheidung zwischen neuen und alten Europäern gekommen. Dies hatte ihn sofort nach den Äußerungen von Donald Rumsfeld in Rage gebracht. Er schimpfte wie ein Rohrspatz auf den US-Verteidigungsminister, der so Europa und den Westen auseinandertreibe. In seiner Rede allerdings versagte er sich einen Frontalangriff auf Rumsfeld und beließ es bei dem Hinweis, dass die europäische Geschichte der letzten fünfzig Jahre einen anderen Weg gegangen sei: »Wir sind friedlich zusammengewachsen, ein einzigartiges Kapitel in unserer Geschichte.«

Weizsäcker konnte sich auch eine Anspielung auf Robert Kagans jüngstes Buch nicht verkneifen, das damals in aller Munde war. Kagan hatte den Unterschied zwischen den stets völkerrechtlich korrekten, sich von Macht und Militär abwendenden und allein multilateralen Lösungen zuneigenden Europäern einerseits und den Amerikanern andererseits beschrieben, welche die Welt realistischer betrachteten und der militärischen Durchsetzungsfähigkeit in einer archaischen Umgebung Vorrang einräumten. Die Europäer, so Kagan, seien Venus-, die Amerikaner dagegen Mars-Anhänger. Weizsäcker machte deutlich, dass diese Unterscheidung nicht weit tragen könne. Auch die enormen zivilen Leistungen der Europäer dienten der gemeinsamen Sicherheit.

Warum engagiere sich Amerika nicht stärker in den Vereinten Nationen, warum erkläre man nicht zur Abwechslung mal dem Klimawandel den Krieg ... Wahr sei allerdings, dass man an einer gemeinsamen Außen- und Sicherheitspolitik auf beiden Seiten des Atlantiks wieder stärker arbeiten und sich nicht auseinanderdividieren lassen dürfe. Eine Achse Paris–Berlin–Moskau jedenfalls werde es nicht geben.

Die Rede hinterließ bei den Teilnehmern einen starken Eindruck. Er wäre vielleicht noch stärker gewesen, wenn Weizsäcker neben der berechtigten Kritik an unilateralistischen Abwegen der Amerikaner deutlichere Distanz gegenüber manchem oberflächlichem Antiamerikanismus in Europa geäußert hätte. Gab es zudem die eine europäische Stimme, die vor der Zuspitzung im Irak vermocht hätte, in Washington Einfluss auf den Gang der Dinge zu nehmen? Und gab es nicht längst die Achse zwischen Chirac, Schröder und Putin, die Weizsäcker mit großem Recht ablehnte?

Aber seine alte Grundbotschaft hatte Weizsäcker klar und deutlich transportiert. Ablehnung des Unilateralismus und Deutschland als selbstbewusster Partner, nicht als liebedienerischer Vasall. Oder wie er es am 31. Oktober 2004 in der *Welt am Sonntag* formulierte: Die Europäer suchten nicht den gleichen Machtrang wie die USA. Es gehe im transatlantischen Verhältnis jedoch auch nicht um eine »Pudel-Rolle«.

Deutschlands langer Weg nach Westen

Weizsäckers deutschland- und europapolitische Reden und sein entsprechendes Wirken waren immer durch zwei Grundkoordinaten gekennzeichnet: die politische Westbindung und die geografische Mittellage. Dies gilt sowohl für die Zeit vor, wie auch für die Jahre nach der europäischen

Revolution von 1989/90. Sowohl die feste Verankerung in den euroatlantischen Institutionen als auch die Erinnerung an die Wurzeln »Mitteleuropas«, das Ruhen in der gesamteuropäischen Geschichte, waren und sind für ihn ohne Alternative. Ist die These zu gewagt, dass dabei der Kopf eher bei der Westbindung, das Herz eher bei Mitteleuropa zu finden war? Oder liegt dieser Eindruck nur darin begründet, dass die Suche nach der zentraleuropäischen Identität ihn deshalb so stark umtrieb, weil sie sozusagen gegen den Strom, gegen den Zeitgeist erfolgte und es allemal spannender und lohnender ist – gerade für einen nicht regierenden Präsidenten –, das Vergessene, Verdrängte und Verdeckte wieder hervorzuholen? Die von Mitte der achtziger Jahre an einsetzende Debatte über Mitteleuropa jedenfalls faszinierte Weizsäcker. Ich hatte mich damals mit eigenen Beiträgen an dieser Debatte beteiligt, zum Beispiel mit Veröffentlichungen in polnischer »samisdat«-Literatur oder einem größeren Beitrag für »Bilder und Zeiten« in der *Frankfurter Allgemeinen Zeitung* im Mai 1988. Ich weiß noch genau, wie Weizsäcker mich danach zu sich rief und wir lange diskutierten. Das waren die Themen, die sein Herz erwärmten. Zu Fragen des atlantischen Bündnisses zeigte er in keinem Fall eine vergleichbare, tiefes Interesse signalisierende Reaktion.

Die Debatte über Mitteleuropa war keine westliche. Sie ging aus von den Intellektuellen in dem, was man damals Ostblock nannte: Milan Kundera aus Tschechien, Czeslaw Milosz aus Polen oder György Konrád aus Ungarn verknüpften mit ihr Hoffnungen auf einen größeren Spielraum zur Entwicklung kultureller und politischer Selbstfindung gegenüber der gleichmachenden Beherrschung durch die Sowjetunion. Für Leszek Kolakowski existierte Mitteleuropa nicht in einem politischen Sinn, sondern kulturell. Aber auch das habe eine politische Bedeutung: Mit dem Begriff Mitteleuropa wachse zwischen Polen, Tschechen, Slowaken und Ungarn das Bewusstsein, durch ein gemeinsames Schicksal miteinander verbunden zu sein, nicht nur als Appendix Moskaus zu bestehen und sich nicht damit abzufinden, »für ewige Zeiten in diesem widernatürlichen Zustand zu verharren«. Dabei wollten diese Mitteleuropäer keineswegs schnurstracks raus aus dem Warschauer Pakt, um sich der NATO oder gar den Deutschen an den Hals zu werfen. Zumal in Polen wusste man, dass einst Friedrich Naumann in seinem 1915 erschienenen Buch *Mitteleuropa* für die Mitte Europas einschließlich Polens einen Staatenbund unter der Führung des Deutschen Reichs vorgeschlagen hatte. Milan Kundera, der in Paris lebende tschechische Schriftsteller, definierte Mitteleuropa ganz ausdrücklich nicht als Abkehr von bestehenden bündnispolitischen Loyalitäten, sondern als jenes Gebiet, »das geografisch im Zentrum, politisch im Osten und kulturell im Westen« liege.

Als die Mitteleuropadebatte jedoch dann ab Mitte der achtziger Jahre im Westen aufgenommen wurde, etwa durch den Berliner Historiker Karl Schlögel, da wurde plötzlich ein alter Verdacht gegen die Deutschen wachgeküsst: Wollte Deutschland mit der Entfesselung des Mitteleuropagedankens zurück zum alten Sonderweg zwischen Ost und West, zur Schaukelpolitik von Weimar, zu Rapallo? Joseph Rovan, der streitbare Pariser Publizist, nannte die Debatte 1988 eine »gefährliche Sprengladung«, der Mainzer Politikwissenschaftler Werner Weidenfeld bezeichnete im gleichen Jahr den Mitteleuropatraum als »Einfallstor für antiwestliches Denken«. Der Verdacht entstand, dass in Deutschland die Verankerung in NATO und EG nur noch als eine »Art Rückversicherungsvertrag für mitteleuropäische Abenteuer« aufgefasst würde.

Für uns im Beraterkreis des Präsidenten war damals völlig klar, dass Mitteleuropa eine geistig-kulturelle Idee, nicht aber eine Abrücken von der politischen Westbindung darstellte. Aber aufgreifen musste man sie, schließlich konnte man die »Hilferufe« aus den Ländern jenseits von Mauer und Stacheldraht nicht einfach ignorieren. Hatte Václav Havel nicht recht mit der Bemerkung, dass westliches Glück sehr zweideutig wäre, wenn es auf Dauer mit östlichem Unglück bezahlt würde? So verstanden wir in der Villa Hammerschmidt damals die Debatte: nicht als Traum der Deutschen oder gar Richtungsweisung auf einen neuen Sonderweg – sondern als Aufforderung an die westliche Wertegemeinschaft, die vorsichtige Freiheitssuche in den sozialistischen Staaten mit Sympathie und Ermutigung zu begleiten. Damals wie heute gilt: Wenn die Ideen von Freiheit und Menschenrecht der Kern der westlichen Partnerschaft sind, dürfen wir sie nicht nur für uns selbst beanspruchen, sondern müssen uns denen zuwenden, denen sie versagt bleiben. Nicht aufdringlich und laut, aber entschieden und dauerhaft.

Weizsäcker beließ es in diesem Sinne nicht bei einer Verteidigung seiner Position, nicht bei einem Bitten um Verständnis für eine besondere deutsche Sichtweise vor dem Hintergrund der Teilung. Als im Frühjahr 1989 anlässlich des transatlantischen Streits über die Stationierung von nuklearen Kurzstreckenraketen erneut Zweifel an der Bündnistreue der Deutschen geäußert wurden, ging er in die Offensive: Es sei geradezu eine Verpflichtung der Allianz, analog den westlichen Wertvorstellungen die Bestrebungen östlich der Elbe zu fördern: »Wir im Westen müssen zur systemöffnenden Zusammenarbeit mit dem Osten bereit sein, und zwar im Sinne des Wesenskerns der westlichen Demokratie, nämlich im Geist von Menschenrecht und freier Selbstbestimmung. Aus diesem uns verpflichtenden Geist heraus sind wir jeder Chance für andere Länder in ganz Europa aktiv zugewandt, und wer in solcher Haltung einen Anflug von Bündnisuntreue gegenüber dem Westen wittert, der leidet selbst unter einem Anflug von Vergesslichkeit gegenüber der freiheitlichen Verantwortung, aus der dieses Bündnis lebt.« Auf einer Amerikareise Anfang Juni 1989 wiederholte Weizsäcker wieder und wieder diese Überzeugung. Die Bundesrepublik sei der Osten des Westens, aber eben Westen. Das Bonner Interesse an DDR und Mittel- und Osteuropa sei nicht Appeasement oder Abdriften, sondern im Gegenteil Ausdruck der gemeinsamen Verantwortung des Westens für eine freiheitliche Entwicklung im Osten.

Aber bei aller Betonung der tiefen Verankerung im Westen, was Weizsäcker wirklich berührte und umtrieb, waren die Veränderungen jenseits des »Eisernen Vorhangs«. Vielleicht, weil hier etwas Neues entstand. Vielleicht auch, weil er glaubte, die dort erspürten »winds of change« stärker ins Bewusstsein rücken und dadurch fördern zu müssen. Vielleicht aber auch, weil ihm die Träger dieser Entwicklung, die Intellektuellen in Mittel- und Osteuropa, vor dem Hintergrund der gemeinsamen europäischen Geschichtserfahrung auch menschlich sehr nahe kamen.

Mit einem Havel oder auch einem Tadeusz Mazowiecki, zu dem Weizsäcker schon in den siebziger Jahren Kontakt hatte, verbindet ihn bis heute ein geistiges Band, eine natürliche Nähe, die man mit Händen greifen kann. Jeder spürte das, als Weizsäcker und Havel Anfang Oktober 2009 in der Deutschen Gesellschaft für Auswärtige Politik (DGAP) gemeinsam über die Zukunft Europas diskutierten. Weizsäcker nahm lebhaften Anteil, als Mazowiecki im August 1989 Chef der ersten demokratischen Regierung Polens nach vier Jahrzehnten kommunistischer Diktatur wurde, und ebenso an der tschechischen Revolution, die mit dem Schlachtruf der Revolutionäre »Havel na Hrad«, »Havel auf die Burg«, seinen tschechischen Freund zum Präsidenten machte. Das alles bewegte ihn im Innersten seiner Seele, genauso wie György Konráds Buch *Antipolitik*, mit dem der Ungar der Zweiteilung der Welt in Ost und West das Modell einer blockübergreifenden Gegenkultur entgegensetze, statt Jalta nun Mitteleuropa. Verriet man damit die Ideale des Westens oder wurden sie nicht gerade erst dadurch verwirklicht?

Dass jedenfalls die »politische Kraft der Kultur«, die Künstler, Schriftsteller, Schauspieler, Kabarettisten und Musiker in den Ländern Mittel- und Osteuropas (einschließlich der DDR) wesentlich zur Überwindung der Teilung beigetragen haben, ist Weizsäckers tiefe Überzeugung. Als der estnische Präsident Lennart Meri im Jahr 2000 Berlin besuchte, gab Bundespräsident Johannes Rau im Schloss Bellevue ein Abendessen für ihn. Meri, ein gelernter Kulturwissenschaftler, erstaunte und faszinierte die Anwesenden mit einem profunden Vortrag über die Geschichte Europas: Nicht etwa habe es die Erweiterung der EU nach Osten gegeben, vielmehr sei Europa an die Ostsee zurückgekehrt. Estland habe Europa nie verlassen, es sei stark und treu geblieben. Europa dagegen sei aus unterschiedlichen Gründen schwach und treulos gewesen...

Als Heinrich August Winkler im Jahr 2000 sein großes Werk *Der lange Weg nach Westen* veröffentlichte, habe ich Weizsäcker zum ersten Mal seit Langem von einem Buch wirklich elektrisiert erlebt. Hier hatte ein bedeutender Historiker all das von Weizsäcker selbst Erlebte und an wichtigen Stellen Mitgestaltete in den Zusammenhang der historischen Entwicklungen der letzten zweihundert Jahre gestellt. Weizsäcker tat sich zunächst schwer mit dem Titel des Buches. War es wirklich der Westen, worin sich die deutsche Geschichte erfüllte? Traf man damit auch die Gefühle und Gedanken der Ostdeutschen und der Menschen in Mittel- und Osteuropa? Oder klang der Buchtitel nicht ein wenig nach »Sieg über den Osten«, nach »Anschluss« oder »Beitrittsgebiet«? Dann aber erkannte er sehr bald, dass die Kategorie »Westen« im Sinne Winklers nicht geografisch gemeint war, sondern als politische Kategorie. Westliche Länder, so interpretierte er dann Winkler, gebe es schließlich überall. Auch Indien, Japan, Brasilien oder Südafrika seien westlich im Sinne einer zivilisierten, auf Rechtsstaatlichkeit und politischer Liberalität gebauten inneren Ordnung. Es gehe darum, dass die Werte der westlichen Verfassungen auch im Osten dauerhaft verankert würden, nicht aber um die »Osterweiterung Westeuropas«. Es gehe nicht um die großzügige Genehmigung für Mittel- und Osteuropa, endlich den Aufstieg in die höchste europäische Klasse zu schaffen, sondern – im Sinne der zitierten Meri-Rede – um die Rückkehr Europas in die Mitte und nach Osten – natürlich mit einer »westlichen« Verfassung.

Mit der Überwindung der Teilung von Stadt, Land und Kontinent, mit der Wiedervereinigung von Berlin, Deutschland und Europa auf der Grundlage einer freiheitlichen Verfassung haben sich Weizsäckers politische Lebensziele verwirklicht, die er seit seinem ersten Aufsatz über Europa und die deutsch-polnischen Beziehungen in der *Zeit* vor fast einem halben Jahrhundert immer wieder vorgetragen, für die er in unterschiedlichen Positionen als Politiker und Staatsmann immer wieder gewirkt hat. Weizsäcker hat einen wichtigen Beitrag zu diesen Entwicklungen leisten dürfen. Er muss darüber glücklich sein.

5

Der Mensch, der Chef,
der Bürger

Ein Vollblutpolitiker, der Richard von Weizsäcker immer
war und noch immer ist, kann und will auch außerhalb
der beruflichen Sphäre nicht unpolitisch sein. Dennoch
konnte man sich bei Weizsäcker immer vorstellen, dass er
auch ohne politische Ämter in der Lage gewesen wäre, ein
erfülltes Leben zu führen. Er war ja auch erst mit 49 Jahren
Berufspolitiker geworden, hatte also vorher gezeigt, dass
er sein Geld und Glück auch auf andere Weise einfahren
kann als durch politische Ämter. Aber auch während seiner
aktivsten Zeit als Politiker hatte er so viele andere Interessen
und Leidenschaften, dass er nie von der »Droge Politik«
abhängig wurde. Im Gegenteil: Die Welt, die er eigentlich
liebt, in der er mehr als irgendwo anders zu sich selbst findet,
ist die Welt der Kultur im weitesten Sinne. Große Konzerte,
Opernaufführungen oder Theaterstücke können ihn mitten
ins Herz treffen, ihn aufwühlen, viele Wochen beschäftigen.
Die Begegnungen mit Künstlern, Musikern, Schauspielern,
Schriftstellern und Intellektuellen empfand er nicht als läs-
tige Pflichtveranstaltungen für einen Politiker, nicht als zum
guten Ton eines Präsidenten gehörende Rituale. Nein, solche Termine hatte er besonders gerne im Kalender, eigentlich
hatte er immer Zeit für Abende in der Schaubühne, der
Philharmonie oder nach dem Fall der Mauer im Berliner
Ensemble oder in der Staatsoper Unter den Linden. Man

konnte sich Weizsäcker immer vorstellen als deutschen PEN-Präsidenten, Chef der Berliner Opernstiftung oder Präsident der »Stiftung Preußischer Kulturbesitz«. Die Kultur war und ist für ihn nicht aufgesetzt und nicht hinzugefügt, sie ist für ihn Lebensweise und Lebensinhalt. Sie prägt ihn als Bürger in der Zivilgesellschaft, als Chef von Mitarbeitern oder als Familienvater. Und die, die damit in Berührung gekommen sind, haben das auf eine unaufdringliche Weise auch verstanden.

Versöhnung von Geist und Macht

Am 19. Juli 1985 wurde der Schriftsteller Heinrich Böll zu Grabe getragen. Es war eine schlichte Feier, ganz nach der Art Bölls. Keine pompösen Ehrenbezeugungen, keine pathetischen Reden, statt eines Orchesters eine Sinti-Kapelle. Ein Trauerzug von über hundert Familienangehörigen, Freunden und Bekannten. Die Schriftsteller Lew Kopelew, Günter Grass und Carl Amery, die Publizistin Carola Stern, die Theologin Dorothee Sölle, der Grünen-Politiker Lukas Beckmann und der Sozialdemokrat Freimut Duve waren darunter, und ziemlich am Ende des Trauerzuges sah man Richard von Weizsäcker. Er hatte Böll zuvor als »Anwalt der Schwachen und Feind der Selbstgerechtigkeit« gewürdigt. Stets sei er für die Freiheit des Geistes eingetreten. Unbequem und streitbar habe er Anstoß erregt, aber auch Achtung erzeugt: »Seine mutige, engagierte, wache und immer wieder mahnende Stimme wird uns fehlen. Sein Werk bleibt.«

Die *Hannoversche Allgemeine Zeitung* schrieb zur Teilnahme Weizsäckers an der Trauerfeier: »Sie haben ihn begraben, ohne sich seiner zu bemächtigen. Sie haben ihn gelassen, wie er war: staatsfern, aber menschennah. Heinrich Böll, dem deutschen Schriftsteller, der sich mit Deutschland so schwertat wie viele aus seiner Zunft, blieb ein Staatsbegräbnis erspart. Die Politiker, sonst auf jeder Bühne schnell zur Stelle, hielten sich diesmal respektvoll fern. Allein Richard von Weizsäcker gelang stilsicher das Kunststück, als Trauernder hinten im Leichenzug mitzugehen und gleichwohl als Bundespräsident zu Hause zu bleiben. Die heikle Balance zwischen den Deutschen und einem ihrer Dichter blieb ungestört.«

Unumstritten war die Geste Weizsäckers nicht. Hinter vorgehaltener Hand wurde in Politikerkreisen gemurrt. War es nicht zu viel des Guten, denjenigen, der in der Anfangsphase des Terrorismus »freies Geleit« für Ulrike Meinhof verlangt hatte, durch die Anwesenheit des Staatsoberhauptes zu ehren? Entsprechende Briefe aus der Bevölkerung ereichten das Bundespräsidialamt. Unbeirrt antwortete Weizsäcker: »Umstritten waren bei Heinrich Böll seine politische Einstellung und seine Haltung gegenüber dem Staat. In diesem Bereich habe ich mich oft im Konflikt mit ihm befunden. Unumstritten ist seine dichterische Kraft. Sie führte zum einzigen Nobelpreis für Literatur an einen Deutschen in der Nachkriegszeit. Kein anderer Autor deutscher Sprache ist in den letzten Jahrzehnten im In- und Ausland so viel gelesen worden.

Charles de Gaulle hat einmal gesagt, als Jean-Paul Sartre gegen die Gesetze verstieß, Frankreich verhafte einen Sartre nicht. So weit würde ich nicht gehen. Aber so wenig ich mich mit der Staatseinstellung von Böll identifiziere, so sehr gebührt es mir, dem Dichter Heinrich Böll das letzte Geleit zu geben. Dabei kann und will ich einen Unterschied zwischen dem Menschen, der ich bin, und dem Amt, das ich verwalte, nicht machen.«

Weizsäcker hat Böll nicht nachträglich umarmt, er wahrte auch bei dem Begräbnis die Distanz, die der Schriftsteller selbst gewünscht hätte. Ein Spannungsverhältnis zwischen Politikern und Intellektuellen scheint ihm notwendig und natürlich. Hass dagegen nicht.

In einer internen Besprechung hatte Weizsäcker am 10. Januar 1985 über die bisweilen unversöhnliche Distanz zwischen Geist und Macht geklagt. Giovanni Spadolini habe einen wertvollen Kunstband über Florenz verfasst, Octavio Paz aus Mexiko sei früher Diplomat gewesen, man möge an Regis Debray, Paul Claudel oder auch an Georges Pompidou denken. Wir in Deutschland würden zulassen, dass der Graben immer tiefer werde, anstatt ihn allmählich zuzuschütten. Seine Aufgabe als Präsident sei es, »fast im paulinischen Sinne« die Macht des Staates »zu entgiften und zu versöhnen mit dem Geist«.

Gemeinsam mit seiner Frau schuf Weizsäcker die Einrichtung regelmäßiger Gesellschaftsabende in der Villa Hammerschmidt. Die Weizsäckers luden dazu drei- bis viermal im Jahr etwa sechzig Persönlichkeiten aus Kultur, Wissenschaft, Wirtschaft und Politik ein. Der Präsident versuchte damit, fast nach dem Vorbild der Salons des 19. Jahrhunderts, interessante Menschen zusammenzubringen, die sich sonst kaum begegnen würden. Namen wären viele zu nennen. Mit einem Hauskonzert des Pianisten Justus Frantz im Dezember 1985 begann die Reihe der Abende.

Weitere schlossen sich an, immer kleine, aber feine kulturelle Höhepunkte im Leben Bonns und später Berlins, in der Villa Hammerschmidt und dann im Schloss Bellevue: mit Martin Walser, Siegfried Lenz, Christa Wolf, Stefan Hermlin, Gidon Kremer, Marcel Reich-Ranicki, Martin Benrath, Sigmar Polke und vielen anderen. Hier blieben die Künstler nicht unter sich, sondern sie begegneten Politikern, Managern, Diplomaten und Wissenschaftlern. An der Planung und Durchführung dieser Gesellschaften beteiligte sich Marianne von Weizsäcker mit ihrem ausgeprägten kulturellen Interesse und ihren umfassenden Kenntnissen. Die Weizsäckers »durchlüfteten« auf diese Weise das politische Leben in der Hauptstadt, ihre Abende wurden zum besten Salon Deutschlands. Bald wurden sie durch Mittagessen ergänzt, die zumeist einem bestimmten Anlass galten. Denkwürdig bleibt in dieser Reihe das Essen zu Ehren des 80. Geburtstages von Hans Werner Richter. Fast die gesamte »Gruppe 47« war dazu erschienen – einschließlich Günter Grass, Gabriele Wohmann und Günter Kunert.

Weizsäcker bezeichnete die Gruppe 47 als »einzigartige Schöpfung unserer Kulturgeschichte«, ohnegleichen für die Literatur und die kulturelle, soziale und politische Nachkriegsgeschichte. Sie präge bis heute unsere Literatur und habe die Literaturkritik erst richtig hervorgebracht. Die kritischen Literaten zum Jubiläum in der Residenz des Staatsoberhauptes – das war alles andere als selbstverständlich. Die Medien hätten sich sicher sehr dafür interessiert, die Ansprachen von Weizsäcker und Grass vielleicht sogar live übertragen. Der Bundespräsident aber verbot mir, die Medien »breit« zu informieren. Er wollte den Schriftstellern nicht das Gefühl geben, dass sie von staatlicher Seite umarmt und erdrückt würden.

Für den 10. Januar 1988 hatte der Bundespräsident zu einem Benefizkonzert zur Förderung junger Künstler in die Berliner Philharmonie geladen. Statt des geladenen Trios erschien aber plötzlich ein Quartett. Neben Anne-Sophie Mutter, Bruno Giuranna und Mstislaw Rostropowitsch stand auch Richard von Weizsäcker auf der Bühne. Man glaubte bereits an eine »philharmonische Fata Morgana«, doch der Bundespräsident versicherte dem amüsierten Publikum, dass die Furcht, er könne mitspielen, unbegründet sei. Sein hohes Amt erlaube ihm nun einmal nicht, die zweite Geige zu spielen.

Musik ist für Weizsäcker eine Kraft, die Grenzen überwindet. Sie verbindet Menschen über die Schranken politischer Macht, die Zäune des Glaubens, die Gräben der Ideologien und auch über die Distanz der Generationen: »Es ist wie eine Art Pfingstwunder: Bei der Musik hören die Ohren in allen Sprachen.« Aus diesem Grund nahm Weizsäcker gern Musik aus der Bundesrepublik mit auf seine Staatsbesuche. Statt der zumeist üblichen »Gegenessen« als Dank für die Einladung zog er es vor, im Ausland zu einem Abend mit einem deutschen Orchester, einem Chor oder einem Tanzensemble einzuladen; denn Musik gibt seiner Ansicht nach »von der Seele Nachricht, von der Befindlichkeit des Menschen, damit aber auch von seiner Art und von seinem Volk«.

So gelang es ihm, die Berliner Philharmoniker unter Herbert von Karajan anlässlich seines Staatsbesuches in der Schweiz zu gewinnen, die Cellisten dieses Orchesters spielten in Schweden, die Gächinger Kantorei Helmut Rillings eroberte die Herzen der Spanier, Pina Bauschs Tanztheater erfreute Kenner in Griechenland, das Hamburger Staatsballett gastierte während Weizsäckers Aufenthalt in Argentinien.

Eine gute Gelegenheit für eine programmatische Standortbestimmung bot sich Richard von Weizsäcker, als der Börsenverein des Deutschen Buchhandels ihm antrug, am 7. Oktober 1984 in der Frankfurter Paulskirche die Laudatio auf den Friedenspreisträger Octavio Paz zu halten. Der Bundespräsident beschäftigte sich dazu über Wochen mit dem Werk des mexikanischen Dichters und mit der lateinamerikanischen Literatur. In Frankfurt sprach er dann über die Beiträge Paz' zur Demokratie, zur Poesie und zur Identität seines Kontinents und erläuterte dabei auch seinen Begriff von Kultur: »Der Mensch findet zu sich selbst in seiner Kultur. Kultur ist Geschichte nicht von Ideen, sondern von konkreten, je einmaligen Menschen. In der Kultur findet der Mensch Frieden mit sich, entwickelt die Fähigkeit zum friedlichen Zusammenleben ... Kultur ist Politik. Kultur, verstanden als Lebensweise, ist vielleicht die glaubwürdigste, die beste Politik.«

Dieser weit gefasste Kulturbegriff prägt Weizsäckers Position im Spannungsfeld zwischen Geist und Macht. Nach seinem Verständnis handelt es sich bei Kultur nicht primär um Kunst, Musik, Literatur oder Malerei. Kultur ist auch mehr als der Paradiesgarten geistiger und künstlerischer Eliten. Sie ist die Substanz, um die es im Kern bei aller Politik geht, nämlich die Gestaltung von Leben und Handeln der Menschen. Bei einer Rede über die Ziele auswärtiger Kulturpolitik am 10. April 1987 zitierte Weizsäcker dazu Goethe: »Alles, was der Mensch treibt, kultiviert ihn.«

Weizsäcker versteht Musik, Theater, Literatur und die bildende Kunst als Teil des Lebens aller Bürger. Bei einer Rede vor dem Deutschen Bühnenverein am 1. Juli 1987 würdigte er »die Vielfalt unserer Theaterlandschaft« als das »vielleicht kostbarste Vermächtnis historischer deutscher Kleinstaaterei«. Eine Region oder mittlere Stadt könne ihre Identität verlieren, wenn man sie nötige, ihr Theater aufzugeben. In diesem Zusammenhang kritisierte Weizsäcker den Begriff der Subvention für die öffentliche Unterstützung der Bühnen: »Lebt der Schulbetrieb von Subventionen? Halten wir uns einen Bürgermeister mit Subventionen? Niemand würde auf die Idee kommen, die Haushaltsmittel, die wir dafür aufbringen, Subventionen zu nennen. Warum sprechen wir im Fall des Theaters von

Subventionen? Wir brauchen Theater für unser Leben. Ertragskraft und Rentabilität sind keine entscheidenden Kriterien von Kunst.«

Für das Theater, so mag man einwenden, mag das ja gerade noch gelten, was aber ist mit der bildenden Kunst unserer Zeit, die von vielen Menschen kaum noch verstanden wird? Bei der Eröffnung der Kandinsky-Ausstellung im Bauhaus-Archiv am 8. August 1984 versuchte der Bundespräsident eine Erklärung: »Wir dürfen die Künstler nicht dafür prügeln, dass sie uns scheinbar unverständliche Antworten liefern, wenn wir es sind, die die unbeantworteten Fragen stellen. Nicht die Künstler tragen die Schuld, wenn sich im Denken und Handeln der Welt Irrationalität, Ratlosigkeit und Gefahr zeigen. Vielmehr halten sie dieser Welt nur den Spiegel vor. Kunst unserer Zeit nicht zu verstehen ist in Wahrheit oft ein Signal dafür, dass man sich selbst nicht versteht.«

Wiederholt bekundete Weizsäcker seinen Ärger darüber, dass selbst große Kunstereignisse in den Tageszeitungen erst hinten im Feuilleton abgehandelt werden. Ist ein Schriftstellerkongress mit DDR-Autoren in West-Berlin nicht auch ein politisches Ereignis? Hat nicht die Beteiligung von DDR-Theatern an den Berliner Festwochen 1988 politische Bedeutung? Fritz J. Raddatz von der *Zeit* griff den Gedanken in einer Glosse zur Rede Weizsäckers beim Internationalen Musikfest am 21. September 1985 in der Stuttgarter Liederhalle auf: »Spricht Richard von Weizsäcker auf einer Automobil-Ausstellung – in fast allen Medien scheppert das Blech. Arbeitet er, ohne Ghostwriter, fast zwei Monate an einem so profunden Vortrag zur Musik – kein Echo irgendwo. Ob er den ohrenbetäubenden Dauerplatzregen unserer täglichen Geräuschkulisse schilt oder mit Stockhausen die ›Musik als Vorbereitung auf die Ankunft von Wesen anderer Sterne‹ preist: die Ohren der Wesen dieses Sternes bleiben taub.«

Über mangelnde öffentliche Resonanz konnte sich nach Weizsäckers Rede vor dem 49. Internationalen PEN-Kongress 1986 in Hamburg niemand beklagen. Weizsäcker ging auf das Spannungsverhältnis zwischen Politik und Literatur ein, das »unaufhebbar« sei: »Der Autor ist frei, kompromisslos zu sein. In der Politik kann Kompromisslosigkeit nahe an Gewalt grenzen.« Die natürliche Spannung zwischen Politiker und Autor macht indessen in seinen Augen eine Begegnung von beiden keineswegs sinnlos, vielmehr können alle von solchen Treffen profitieren: »Der Politiker muss seinen Blick von der schimmernden Oberfläche der Dinge in ihre dunklen Tiefen lenken. Der Schriftsteller kann lernen, seine Vorstellungen immer von Neuem am Gewicht der Realität zu messen.« Stefan Heym traf den Nagel auf den Kopf, als er nach der Rede sagte, Weizsäcker habe als »Leser von Büchern gesprochen«.

Weizsäcker liebt die Welt der Musen, er muss sich nicht zwingen, zu lesen oder einen Opernabend ohne Gähnen zu überstehen. Bei der Eröffnung der Bundesgartenschau in Berlin am 25. April 1985 erklang die Rosenarie aus »Carmen«. Weizsäcker summte hörbar mit und drehte sich schließlich zu mir um: »Wäre ich doch nur talentiert genug, um Sänger zu werden. Ich würde alles dafür stehen und liegen lassen. Diese Arie ist doch ein Traum.«

Auf die Frage des berühmten *FAZ*-Fragebogens von Marcel Proust, »Wer oder was hätten Sie sein mögen?«, hatte er ganz in diesem Sinne geantwortet: Rubinstein am Klavier. Auf die Frage nach dem »Traum von Glück« lautete die Antwort: Eine unsterbliche Melodie komponieren...

Das vielleicht größte, weil kenntnisreichste Lob für den Kulturpräsidenten kam vom Intendanten der Deutschen

Oper in Berlin, Götz Friedrich. Diesen hatte Weizsäcker in seiner Bürgermeisterzeit in Berlin kennen- und schätzen gelernt. Mit seiner Frau hatte er fast jede Premiere besucht, sich immer wieder mit Friedrich ausgetauscht und das gute Verhältnis auch später als Bundespräsident gepflegt. 1989 gastierte die Deutsche Oper mit Wagners Ring-Zyklus in Washington, und Weizsäcker holte das Orchester zur Feier des 40. Jahrestages des Grundgesetzes in das Kennedy Center. Beide kannten sich also lange und gut, weswegen es besonderes Gewicht hat, wenn Friedrich sich zum Politiker Weizsäcker äußert: Dieser sei ein Wortführer einer »neuen Aufklärung«, als »geistiger Mäzen der Künste«. Friedrich hat immer Verständnis dafür gehabt, dass Weizsäcker sich nach der Wiedervereinigung in besonderer Weise auch für die Staatsoper Unter den Linden einsetzte, gleichwohl registrierte er mit Freude, dass sich der Präsident bei seiner viel beachteten Ansprache zum 250. Jubiläum der Lindenoper für den Erhalt von drei Berliner Opern aussprach.

Mehr als alles andere aber hat Götz Friedrich beeindruckt, wie Weizsäcker am 8. November 1992 eine Berliner Demonstration gegen Ausländerfeindlichkeit anführte. Der Zug ging damals von der Gethsemanekirche zum Lustgarten. Der Regisseur Harry Kupfer war dabei, auch Daniel Barenboim und eben Friedrich. Bei der Abschlusskundgebung wurde das Podium, auf dem Weizsäcker eine Rede hielt, plötzlich mit Eiern beworfen. Viele der Künstler, auch Friedrich, stellten sich schützend vor den Präsidenten, der unter den dann aufgespannten Regenschirmen seine Ansprache fortsetzte. Friedrich: »Nach dem ersten Schock war klar, dass die um die Welt gehenden Bilder der Schande in Wirklichkeit Bilder der tapferen Würde sind, die Richard von Weizsäcker oft genug vertrat und verkörperte.« Kann man als Politiker ein größeres Kompliment aus der Welt der Kultur erhalten?

Im Juli 1986 lud Weizsäcker zu einem Essen anlasslich des 80. Geburtstages des Schriftstellers Wolfgang Koeppen, der sich in seinem 1953 erschienenen Roman »Das Treibhaus« kritisch mit der geistigen Atmosphäre der Bundesrepublik auseinandergesetzt hatte und seit damals dem politischen Leben in Bonn mit großem Vorbehalt gegenüberstand. Nun kam er zusammen mit Thomas Bernhard, Horst Bienek, Hans Magnus Enzensberger, Stefan Hermlin, Jurek Becker, Elisabeth Borchers und Peter Sloterdijk in die Villa Hammerschmidt. Mit der Einladung, so Koeppen, sei »das Unerwartete Ereignis geworden«. Der Tag zeige, dass der Schriftsteller kein Fremder im Staate sei: »Das Wort Vaterland ist inniger geworden.«

Brandt und Weizsäcker – Fremdlinge unter den Mächtigen?

Die Abend- und Mittagessen blieben nicht auf die »Kulturschaffenden« beschränkt. Weizsäcker weitete diese Form der Veranstaltung bald aus. NOK-Chef Willi Daume, Kardinal Joseph Höffner, der Historiker Golo Mann, der Politikwissenschaftler Theodor Eschenburg oder die Verlegerin Marion Gräfin Dönhoff, eine alte Weggefährtin und enge Freundin Weizsäckers, wurden auf diese Weise aus Anlass runder Geburtstage geehrt. Im Herbst 1987 schlug ich Weizsäcker vor, auch Willy Brandt, der Anfang des kommenden Jahres seinen 75. Geburtstag feiere, mit einer solchen Veranstaltung die Ehre zu erweisen. Weizsäcker fand die Idee sofort gut. Und so traf sich am 20. Januar 1987 eine sehr prominente Runde in der Villa Hammerschmidt. Neben Weizsäcker und Brandt waren mit Helmut Kohl, Bruno Kreisky, Franz Vranitzky (beide Österreich), François Mitterrand (Frankreich), Gro Harlem Brundtland (Norwegen), Ingvar Carlsson (Schweden), Kalevi Sorsa (Finnland) und Jacques Delors (EU) immerhin zehn Staats- und Regierungschefs gekommen, dazu führende deutsche Politiker wie Rainer Barzel, Egon Bahr, Peter Glotz, Johannes Rau, Oskar Lafontaine, Jochen Vogel und Hans-Dietrich Genscher. Weizsäcker hatte aber auch persönliche Freunde Brandts nach enger Rücksprache mit diesem eingeladen, so den Generalsekretär des Commonwealth Sheridat Ramphal, den Präsidenten des Reformierten Weltbundes Allan Boesak oder den griechischen Journalisten Basil Mathiopoulos.

Weizsäcker hielt eine herzliche Rede, der man die Sympathie und Hochachtung für Brandt anmerkte. Aber war nicht das, was er an Brandt hervorhob, genau das, wofür er selbst stand? Er würdigte Brandts Verdienste um die Ostpolitik und führte dann aus: »Wie Sie als unser Kanzler am Eingang zum Warschauer Ghetto Abbitte taten, das war wie das Zeichen eines Fremdlings unter den Mächtigen. Ein tiefes Menschengefühl wurde zum Ausdruck eines Regierenden. Niemand hatte es erwartet. Keiner hat es vergessen. Es hat die Dinge verändert. Es hat den Völkern einen neuen Weg geöffnet…

Ihnen ist in der Politik etwas ganz Seltenes gelungen. In Ihrer Person haben Sie die Spannung zwischen Macht und Moral aufgehoben. Es gibt keine politische Verantwortung ohne Macht. Moral ohne Macht löst die Probleme nicht. Sie wird zur Ideologie, die verurteilt statt zu helfen. Macht ohne Moral läuft sich tot, denn sie findet kein Vertrauen. Sie haben Vertrauen gefunden und genutzt.«

Bewegt dankte Brandt dem Gastgeber und den anderen Rednern. Er sprach über den demokratischen Grundkonsens in der Bundesrepublik, den diese Feier ja in besonderer Weise symbolisierte. »Wir haben eine ganze Menge zustande gebracht, und das sollten wir auch mal festhalten. Ich möchte wünschen, dass die uns Nachfolgenden bei allem notwendigen Ringen der Meinungen auch immer wieder die Kraft aufbringen zur gemeinsamen Verantwortung, wo es auf diese ankommt.«

Symbolwirkung hatte die Geburtstagsfeier nicht nur deshalb, weil hier ein aus der CDU kommender Präsident einen sozialdemokratischen Politiker würdigte. Vielmehr trafen sich mit Brandt und Weizsäcker an diesem 20. Januar 1989 zwei Persönlichkeiten, deren Lebenswege kaum unterschiedlicher sein konnten. Der eine war als Arbeiterkind im sozialistischen Milieu Norddeutschlands geboren, der andere kam als Spross einer geadelten Familie schwäbisch-protestantischer Tradition auf die Welt. Der eine wurde von den Nazis verfolgt und emigrierte nach Norwegen, der andere diente als Wehrmachtsoffizier in Russland. Brandt berichtete für skandinavische Zeitungen von den Nürnberger Prozessen, Weizsäcker verteidigte dort seinen Vater. Nach dem Krieg wurde der Erste Berufspolitiker bei der SPD, der andere trat der Union bei, hielt sich aber zunächst aus der Politik heraus.

Und doch, vierzig Jahre nach Gründung der Bundesrepublik, standen beide – trotz unterschiedlicher Meinungen zu wichtigen politischen Themen – für gleiche politische Grundüberzeugungen, mit denen sie im In- und Ausland identifiziert wurden: Wahrhaftigkeit im Umgang mit der Vergangenheit; Verbindung von Moral und Interesse in Politik und Gesellschaft; Glaube an die reale Kraft von Worten und Ideen; Zuwendung zur Friedens- und Ostpolitik; Engagement für die Einheit der Nationen im europäischen Rahmen; Interesse an der jungen Generation und ihren

Gedanken; Einsicht in die globalen Bedrohungen der Zeit: Umweltzerstörung, atomare Selbstvernichtung, Hunger in der Dritten Welt, Gefahren des technischen Fortschritts und Menschenrechtsverletzungen.

Beide trugen zum internationalen Ansehen der Bundesrepublik Deutschland wesentlich bei, beide erfreuten sich besonderer Sympathien in der Bevölkerung der DDR, beide hielten – auf unterschiedliche Weise – Distanz zu ihren Parteien, waren entrückt und unabhängig. Weizsäcker würdigte die Frauen und Männer des Widerstandes und der Emigration; Brandt versagte es sich, moralisierend auf andere herabzublicken und nahm seine Landsleute gegen selbstgerechte Angriffe, unter Hitler seien sie fast alle zu Verbrechern geworden, in Schutz: »Wir sind nicht zu Helden geboren«, sagte er einmal der *Spiegel*-Korrespondentin Birgit Kraatz und fügte hinzu: »Und man muss auch gelten lassen, dass einige bewusst nicht weggehen wollten, weil sie ein Stück Mitverantwortung an der Machtergreifung fühlten und nun auch die Konsequenzen tragen wollten. Ich sehe die Tragik derer, die zu retten versuchten, was zu retten war.«

In einem *Spiegel*-Artikel fasste Jürgen Leinemann am 6. Juli 1987 Gemeinsamkeiten der beiden Politiker, die sie in der Nachkriegspolitik manchmal wie besagte Fremdlinge unter den Mächtigen erscheinen ließen, treffend zusammen: »Es ist die Verletzlichkeit, das öffentliche Eingestehen von Zweifeln und Unsicherheiten, das zur Identifikation einlädt. Brandt wie Weizsäcker bieten sich als Symbolfiguren an, als Verkörperung eines ›kollektiven Ich-Ideals‹ (Horst-Eberhard Richter). Ihr Leben, soweit für die Öffentlichkeit erkennbar, macht offenbar vielen Mut, einer Vision von einer besseren menschlichen Gesellschaft nachzustreben – oder zumindest zu träumen –, in der tönende

Begriffe wie Mitmenschlichkeit, Versöhnung, Gerechtigkeit und Freiheit reale Umrisse haben. Die Beharrlichkeit, trotz Irrtümern und Rückschlägen am einmal als moralisch richtig und intellektuell vernünftig Erkannten festzuhalten und gleichwohl Neues aufzunehmen, ließ und lässt beide Männer viele als nachahmenswerte Partner erscheinen ... Was der heutigen älteren Generation damals ihr Willy war, ist ihren Kindern heute der Ritchie.«

Mit Boris Becker im Sportstudio

In der breiteren Öffentlichkeit wenig bekannt ist die große Leidenschaft Weizsäckers für den Sport. Die meisten werden seine Telegramme an Gewinner von Medaillen oder die Verleihung des Silbernen Lorbeerblattes an Spitzenathleten als die gewohnten Pflichtübungen für Politiker gewertet haben. Weit gefehlt: Weizsäcker ist aus tiefstem Herzen Sportfan und ein sachverständiger dazu. Ich hatte in den Jahren an seiner Seite nicht selten den Eindruck, dass er mindestens genauso viel Zeit mit Sportsendungen und der Lektüre der Sportteile der Tageszeitungen verbringt wie mit dem Studium der politischen Medienberichte. Jedenfalls war er allzeit schnell und umfassend informiert. Einmal rief ich ihn im Ausland an, um ihm ein aktuelles Fußballergebnis durchzusagen: Hertha hat 2:0 gewonnen. Die Antwort: »Vielen Dank. Wussten Sie schon: Adenauer ist nicht mehr Bundeskanzler ...«

Harry Valerien und Dieter Kürten, damals die wohl bekanntesten deutschen Sportjournalisten, hatten nach dem sensationellen Sieg Boris Beckers in Wimbledon im Juli 1985 die Idee geboren, Weizsäcker mit Boris in das Aktuelle Sportstudio des ZDF einzuladen. Valerien bat mich, die Idee an den Präsidenten heranzutragen. Weizsäcker war zunächst abweisend: Das sähe nach Show aus, und außerdem sei der Rummel um Becker schon groß genug. Ich ließ jedoch nicht locker. Alle paar Stunden kam ich mit einem neuen Argument: Bei ihm wirke die Teilnahme im Sportstudio nicht aufgesetzt, das könne er einem Millionenpublikum beweisen. Er habe früher doch selbst Tennis gespielt und 1937 Wimbledon besucht, als Gottfried von Cramm spielte. Was den Rummel um Becker angehe, so könne gerade der Präsident vor der totalen Vermarktung warnen. Außerdem würde ein kurzer Abstecher ins »Sportstudio« ihm auch Spaß bereiten, da sei ich mir ganz sicher. Schließlich habe François Mitterrand gerade als erster Präsident einer Gebirgsetappe der Tour de France beigewohnt. Was der Franzose dürfe, müsse er sich doch auch leisten können.

Schließlich, am Freitagmorgen, kapitulierte Weizsäcker. Einzige Bedingung: keine Schüsse auf die berühmte Torwand. Das würde dann doch zu weit gehen.

Am 13. Juli 1985 ging es dann per Hubschrauber zum ZDF-Sendezentrum am Mainzer Lerchenberg. Vor Beginn des »Sportstudios« hatten wir Gelegenheit, Boris Becker und seine Eltern ein wenig kennenzulernen. Er bewegte sich sicher und gab »kluge und reife Antworten«, wie Weizsäcker später befand.

Becker / Weizsäcker bewährten sich im Interview auf Anhieb als »Traumdoppel« (*Kölner Stadtanzeiger*). Ob Boris wegen seiner Popularität nun bald eine Platte aufnehmen werde, fragte Harry Valerien. »Ich bin im Tennis besser als im Singen«, gab der Champion zurück, und Weizsäcker setzte eins drauf: »Aber ich bin im Singen besser als im Tennis.« Dann begann der Präsident mit Boris zu fachsimpeln über das entscheidende siebte Spiel im dritten Satz, das die »Wende« gebracht habe, und auch über andere Sportarten. Von Golf zum Beispiel hielt Boris damals nur wenig, über ein Spiel des Meisters Bernhard Langer sagte er nur: »Das war so spannend, das war nix für mich.« Das hat sich mittlerweile, wie man weiß, geändert. Ob Weizsäcker in Becker ein Idol sehe, wollte Valerien noch wissen. »Das Wort gehört nicht in erster Linie zu meinem Sprachschatz«, erwiderte Weizsäcker, »aber ein gutes Beispiel ist etwas wert.« Das Wichtigste am Sieg des Leimener Tennisspielers sei die Motivation junger Leute, von der Straße weg und in einen Sportverein zu gehen. So würden der Sport generell und auch die Gesellschaft profitieren. Vorsichtig müsse man bei der Vermarktung von Spitzensportlern sein: »Wenn ein junger Mensch so erfolgreich an sich gearbeitet hat, dann hoffe ich, dass wir ihn nicht kaputt machen.«

Mit dem Auftritt im »Sportstudio« begründete Weizsäcker seinen Ruf unter Sportjournalisten, wirklich etwas von der Materie zu verstehen. Die Kommentatoren zollten einhellig Lob. Wie ein »milder stolzer Großvater« habe sich Weizsäcker des Boris Becker angenommen, merkte selbst die *Frankfurter Allgemeine* an.

Wenige Wochen vor diesem denkwürdigen Ereignis hatte Weizsäcker bei den internationalen deutschen Tennismeisterschaften in Berlin der erst 15-jährigen Steffi Graf zugeschaut. Steffi unterlag in diesem Jahr der 30-jährigen Chris Evert-Lloyd noch knapp, was sich in den folgenden Jahren änderte – zumeist in Anwesenheit Weizsäckers, der auf der Rot-Weiß-Anlage im Grunewald allerdings schon Stammgast war, als Steffi Graf noch niemand kannte.

Steffi Graf war unter den Sportgrößen während seiner Präsidentschaft Weizsäcker, man darf es sagen, ohne Boris Becker zu nahe zu treten, die Liebste. Vor allem nachdem sie ihn in der Villa Hammerschmidt besucht hatte. Weizsäcker lud Steffi dabei auf den Dachboden der damaligen Präsidentenresidenz ein, wo eine Tischtennisplatte stand. Wir spielten ein Doppel: Steffi Graf mit ihrem Vater gegen Weizsäcker und mich. Die Grafs verloren knapp 21:18. Von diesem Zeitpunkt an konnte Weizsäcker immer behaupten, Steffi schon einmal im Tennis geschlagen zu haben. Dass es Tischtennis gewesen war, räumte er gern etwas zögernd ein ...

Über Tennis hinaus ist Weizsäcker Liebhaber und Kenner der Leichtathletik, der nordischen und alpinen Skiwettbewerbe, des Fechtens und Reitens und etlicher anderer sportlicher Disziplinen mehr. Ballsportarten, vor allem der Fußball, ziehen ihn in Bann. Unzählige politische Gespräche im In- und Ausland hat er mit einer Gratulation zum Sieg der Heimmannschaft eingeleitet und dabei nicht selten die Atmosphäre eines Besuches von Beginn an aufgelockert. Oder er hat getröstet: Beim Antrittsbesuch in Hamburg sprach er zunächst sein Bedauern über die Pokalniederlage des HSV gegen die Amateure von Geislingen aus. Bei fast jeder Lagebesprechung, bei Flügen und Autofahrten – immer waren die letzten Sportereignisse Thema. Aber auch die Sportpolitik im engeren Sinne interessierte ihn sehr. Im November 1987 hielt Weizsäcker bei der Hauptversammlung des Nationalen Olympischen Komitees (NOK) eine viel beachtete Grundsatzrede über sportethische Fragen zur Jahrhundertwende. Vier Gefahren, so führte er aus, bedrohten den Sport: die Vereinnahmung durch Macht und Ideologien, der Missbrauch der Friedensabsichten des Sports durch unkontrollierte Kommerzialisierung, die Manipulation des menschlichen Körpers durch Doping und der Einbruch von Gewalt in den Stadien und Arenen. Der Sport befinde sich in einer Grenzsituation, notwendig sei die Entwicklung einer verbindlichen Sportethik als zentrales Gebot einer humanen und verantwortlichen Sportpolitik. Karl-Heinz Heimann empfahl im Fachblatt *Kicker* allen im Sport Verantwortung

Tragenden, die NOK-Rede Weizsäckers genau zu studieren. Kein Politiker vor ihm habe so einprägsam und fundiert über die Probleme des Sports referiert.

Bei großen Sportereignissen wie der Leichtathletik-WM in Stuttgart oder der Fußball-WM in Deutschland war und ist Weizsäcker Stammgast. Er war in Wimbledon bei Beckers zweitem Sieg 1986 dabei und gratulierte ihm damals als Erster in seiner Kabine. Auf den Platz zur Siegerehrung hatte er gemäß dem strengen Protokoll nicht gedurft. Man will dort offenbar Ausbrüche von Nationalstolz vermeiden. Auch der Hinweis, dass Weizsäcker bestimmt nicht vorhabe, den Sieg Beckers chauvinistisch auszubeuten, beeindruckte die Verantwortlichen nicht. Umso herzlicher ging es danach in der Kabine mit dem stolzen Boris Becker zu: Er hatte der Welt bewiesen, dass sein Überraschungssieg im Vorjahr keine Eintagsfliege gewesen war.

Als Weizsäcker im Februar 1987 die Weltmeisterschaft der nordischen Skiwettbewerbe in Oberstdorf besuchte, plauderte er auch mit den Aktiven aus der DDR. Auf seine Frage an den damals schon legendären DDR-Skispringer Jens Weisflog, wann er denn seinen Saisonhöhepunkt erreiche, flachste dieser: »Hoffentlich nicht erst im Sommer.« Der Wettkampf ging dann tatsächlich ohne Medaille für den DDR-Sportler aus. Weizsäcker begab sich bei dieser Gelegenheit auch selbst in die Loipe, und alle staunten über die hervorragende Kondition des 67-Jährigen.

Im Jahr zuvor hatte er zum ersten Mal das Goldene Sportabzeichen abgelegt, mit beeindruckenden Ergebnissen: 1000-Meter-Lauf in 5.58,6 Minuten und Weitsprung aus dem Stand: 2,14 Meter. Vor allem beim Schwimmen zeigte Weizsäcker, wie gut er in Form war: 100 Meter in 2.12 Minuten, die 200-Meter-Strecke in 5.10 und die 1000 Meter in 28.34 Minuten. Auch danach hat Weizsäcker die Sportabzeichenprüfung wiederholt absolviert und dabei besonders im Schwimmen die eigene Leistung steigern können. Hier zahlte sich das regelmäßige Langsteckenschwimmen frühmorgens im überdachten Pool im Park der Villa Hammerschmidt und später im Berliner Hotel Kempinski aus, sicher aber auch die Grundlage, die er in seiner Jugend gelegt hatte: Als Jugendlicher war Weizsäcker nicht nur guter Breitensportler, sondern richtig ambitioniert. Die 800 Meter lief er in einer Zeit knapp über zwei Minuten und wurde damit Berner Jugendmeister. Wer weiß, was aus dem Mittelstreckenläufer Weizsäcker geworden wäre, wenn er nicht in den Krieg hätte ziehen müssen.

Der fordernde Redner

Es gibt wenige bessere Redner als Weizsäcker. Er beherrscht, ohne je Rhetorikunterricht genommen zu haben, sämtliche Formen der politischen Rede: ob geschliffener Vortrag oder freie parlamentarische Erwiderung, ob nüchterne Analyse oder Emotionen und Beifall erzeugender Angriff – immer hat er, selbst von Parteifreunden (!), die besten Noten erhalten. Woran liegt das?

Man meint, die Erziehung der Eltern zu merken: Das dauernde Erzählen und die Wortspiele im Familienkreis waren ein frühes und offenbar nachhaltig wirkendes Training. Vielleicht spielt auch die Selbstbehauptung gegenüber den älteren Brüdern eine Rolle, vor allem dem intellektuell übermächtigen Bruder Carl Friedrich musste er Paroli bieten. Was liegt näher als den Nachteil an Wissen mit Schlagfertigkeit und Sprachwitz auszugleichen? Oder war es die Arbeit als Präsident des Evangelischen Kirchentages? Die Protestanten zumal achten das geschriebene und gesprochene Wort in besonderer Weise. Redet Weizsäcker nicht zuweilen wie ein Bischof in der Kirche? 1981, kurz vor einer Weizsäcker-Rede auf dem CDU-Parteitag in Hamburg, wurde ich Zeuge, wie Helmut Kohl dem damaligen Regierenden Bürgermeister zurief: »Und Richard, nicht wieder predigen, gell!« Es war ein wenig gefrotzelt, aber eben nur ein wenig.

Besagte Parteitagsrede vorzubereiten war mein erster großer Auftrag als Weizsäckers neuer Redenschreiber. In der Besprechung zur Vorbereitung der Rede behauptete ich, dass es sein Hauptziel sein müsse, die Delegierten in Hamburg richtig aufzupeitschen, um so Rückenwind für die Aufgaben in Berlin zu erhalten. Die Partei halte ihn im Übrigen für einen Intellektuellen, er könne jetzt zeigen, dass er in der Lage sei, sich auch den politischen Gegner vorzunehmen. Weizsäcker schaute mich strafend an und erwiderte, genau dies entspreche nicht seinem Politikverständnis. Nichts sei leichter, als Beifall in den eigenen Reihen zu bekommen. Unser Parteiensystem leide darunter, dass jeder immer nur die Zustimmung im eigenen Lager suche. Gute Politik sei aber gerade darauf gerichtet, über die bereits »Gläubigen« hinaus Andersdenkende oder Unentschlossene anzusprechen. Dies könne man seiner Erfahrung nach am besten dadurch erreichen, dass man sich zunächst einmal darüber Rechenschaft ablege, was man – unabhängig vom Parteienzwang – selbst denke. Natürlich müsse eine Form gefunden werden, dass die Zuhörer »abgeholt und nicht abgestoßen« würden, aber dieser zweite Schritt dürfe nicht vor dem ersten, die Verpackung nicht vor dem Inhalt stehen.

Ein Beispiel: Am 20. November 1984 saßen wir in der »Lage« und führten eine Diskussion über die erste Weihnachtsansprache Weizsäckers als Bundespräsident. Ich hatte eine erste Ideenskizze vorbereitet, die auf dem Gedanken der Harmonie beruhte und Dankbarkeit für Frieden und

Freiheit in den Mittelpunkt rückte, nach dem Motto: Es gibt zwar viele Probleme auf der Welt, aber zu Weihnachten wollen wir uns über das, was wir haben, gemeinsam freuen und daraus Kraft für die Zukunft schöpfen.

Weizsäcker war vehement gegen diesen Ansatz. Die »Harmonitis« gefalle ihm gar nicht. Weihnachten sei eine »Unterbrechung« im Sinne von »Besinnung«. Da dürften Probleme nicht verdrängt oder verdeckt, sondern müssten angesprochen werden. Gerade an Weihnachten dürfe man über die Not in der Welt, die Sorgen und Ängste der Menschen, das Leid der Schwachen und Kranken nicht hinwegsehen. Nein, er wolle nicht freundlich, sondern fordernd sprechen.

Der Persönliche Referent, Reinhard Stuth, warf ein, die Leute würden jeden Tag mit Problemen überhäuft, in der Familie, am Arbeitsplatz, im Fernsehen. Sie wollten keine Forderungen, sondern Ruhe, Eintracht und Frieden am Weihnachtsabend. Natürlich dürfe es keinen »Harmoniekuchen« geben, aber der Text müsse Zuversicht wecken. Weihnachten sei ein Fest der Hoffnung.

Weizsäcker widersprach entschieden, mit erhobener Stimme. Wir möchten bitte zur Kenntnis nehmen, dass er Lutheraner sei, kein biedermeierischer Problemverweigerer. Zuversicht zu predigen sei zu Weihnachten eine Aufgabe von Geistlichen, nicht von Politikern. Als Politiker verliere er alle Glaubwürdigkeit, wenn er die Welt gesundbete. Zuversicht bei den Menschen entstünde nicht durch schönfärberische Floskeln, sondern durch die Art und Weise, wie man die großen Herausforderungen unserer Zeit anspreche und löse. Es sei eindeutig, dass er auf die schweren Themen unserer Zeit eingehen müsse. Eine weitere Diskussion über diese Grundhaltung sei zwecklos.

Wie sehr man auf das besondere Stilempfinden Weizsäckers Rücksicht nehmen muss, wurde mir bereits im Juni

1982 klar, als ich wenige Tage vor dem Besuch Ronald Reagans in Berlin mit dem Regierenden Bürgermeister die Ansprache zur Begrüßung des amerikanischen Präsidenten durchging. Ich schlug vor, am Ende der Rede, die vor 30 000 Berlinern im Schlosspark Charlottenburg gehalten werden sollte, einen Satz auf Englisch auszurufen, der den weltweit kritisierten Amerikanern ans Herz gehen sollte: »America, you are not alone.«

Weizsäcker passte nichts an diesem Vorschlag, weder das emotionale Redeende noch die darin enthaltene Anmaßung des kleinen Berlins gegenüber dem großen Amerika. Ich aber war so begeistert von der Idee, dass ich mehrfach insistierte – so lange, bis Weizsäcker schließlich der Kragen platzte und er mich scharf zurechtwies: »Nehmen Sie jetzt bitte zur Kenntnis, dass ich diesen Satz nicht sagen werde!«

Zwei Tage später, bei der Rückkehr nach Washington, bilanzierte Reagan vor der Presse seine Berlinreise, als habe er unserer Auseinandersetzung gelauscht: »Wir sind nicht alleine.« Der Satz schaffte es bis in die Überschriften der großen amerikanischen Zeitungen, denn das war es genau, was die Amerikaner hören wollten. Voller Genugtuung schnitt ich die Überschrift aus, klebte sie auf ein Blatt Papier und sandte sie stolz dem Regierenden Bürgermeister zu mit der Bemerkung: »Jetzt musste er es selbst sagen.« Weizsäcker, großzügig über meine Rechthaberei hinwegsehend, antwortete prompt: »Genau darin, lieber Herr Pflüger, liegt der Unterschied.« Um mich wenig später, leicht ironisch, mit folgender Notiz zu trösten: »Sie sollten sehr zufrieden sein, denn die wahre (von mir leider nicht beherrschte) Kunst besteht darin, die eigenen Gedanken dem andern so nahezubringen, dass er sich in dem Glauben äußert, er habe sie selbst erdacht.«

Wer bei Weizsäcker als Redenschreiber erfolgreich sein wollte, musste von vornherein darauf verzichten, ihn verändern oder ihm etwas unterschieben zu wollen. Ein Redenschreiber Weizsäckers muss originell sein, aber *innerhalb* seines Gedankenspektrums. Für einen tiefgläubigen Katholiken oder einen studentenbewegten Sozialdemokraten dürfte es gar nicht so leicht sein, mit dem liberalen Protestanten einen gemeinsamen Standpunkt zu finden, von dem aus es sich dann trefflich streiten ließe. Weizsäcker würde auch sie schätzen als anregende Gesprächspartner. Aber zur wirklichen Zusammenarbeit bedarf es auf Dauer der gleichen »Wellenlänge«, auch des gleichen Stilempfindens, der gleichen Sprachauffassung.

Bei wichtigen beziehungsweise ihn besonders interessierenden Reden spürte seine Umgebung die Freude, die ihm die Qual der Vorbereitung bereitete. Er lud Freunde, Mitarbeiter, gerne aber auch Sachverständige von außerhalb ein, um mit ihnen über das anstehende Thema zu diskutieren. Brainstorming würde man heute dazu sagen. Dann entstanden erste Konturen einer Ansprache, Stichworte, die er sauber in ein Ringbuch eintrug, dann wurden Aufträge an Mitarbeiter verteilt, die entweder Fakten recherchieren oder einige die jeweilige These belegende Zitate heraussuchen sollten. Der Redenschreiber musste dann einen Entwurf erstellen, andere (auf dem jeweiligen Gebiet kompetente) Mitarbeiter wurden ebenfalls aufgefordert, zumindest Passagen zu formulieren. Gleichzeitig pflegte Weizsäcker seine Zeitungslektüre auf die bevorstehende »wichtige« Rede zu orientieren. Aktuelle Artikel wurden dann ausgerissen und verschwanden in einer kleinen Mappe. Mit dem Gesamtmaterial aus Artikeln, Notizen und den Formulierungen der Mitarbeiter zog er sich dann zurück. Die Zuarbeit konnte noch so gut sein, die wichtigen vier, fünf Reden im Jahr schrieb er selbst. Er ist zutiefst (und zu Recht) davon überzeugt, dass er es am besten kann, und er glaubt an die Macht des gesprochenen Wortes – was also liegt näher, als sich die erforderliche Zeit zu nehmen? Der Persönliche Referent erhielt immer rechtzeitig den Auftrag, zwei, drei oder manchmal auch mehr Tage am Stück »zu blocken«, das heißt, in dieser Zeit durften keine Termine vereinbart werden. In diesen Tagen überlegte und schrieb er. So war es am Ende *seine* Rede, waren es seine Lebenserfahrungen und Erkenntnisse, die er in der Rede zum Ausdruck brachte, nicht von anderen Aufgeschriebenes oder mal eben Angelesenes. Daraus entspringt die natürliche Glaubwürdigkeit und Kraft einer Rede – vielleicht noch mehr als aus dem klugen Aufbau, akademisch anspruchsvoller Analyse, gut aufbereiteten Fakten und geschickt gewählten Zitaten. Bei einer Rede wie der zum 8. Mai zum Beispiel kann ein Redenschreiber zwar mit Formulierungen zuarbeiten und als »Sparringpartner« auch wirklichen Einfluss nehmen – aber er kann nicht die Erfahrung des Krieges, der Nachkriegszeit, der über die Jahre geleisteten »Verarbeitung« dieser Zeit beisteuern. Das kann nur der, der das alles erlebt hat. Das ehrliche Beschreiben und Einordnen eigener Erfahrungen ist der eigentliche Kern dieser Ansprache und erklärt auch, warum die Rede zum 8. Mai eine in der Geschichte der Bundesrepublik bisher einmalige Wirkungsgeschichte entfalten konnte.

Mit keiner Ansprache hat Weizsäcker so sehr gelebt und gerungen wie mit der Rede zum 8. Mai 1985. Bereits im Dezember 1984 fing er an, gezielt Material zu sammeln und zahllose Gespräche zu führen: mit dem Zentralverband der Juden, mit Sinti und Roma, mit den Vertriebenenverbänden, mit dem Deutschen Frauenrat, mit Vertretern aller Parteien und mit seinen Mitarbeitern. Während der Osterwochen schrieb er in der Ruhe seines Hauses in Wackersberg bei Bad Tölz die erste Redefassung, an der danach noch ausgiebig gefeilt wurde.

Am 6. Mai kam es zu einer letzten Generalbesprechung im Mitarbeiterkreis, wobei die Rede Absatz für Absatz durchgegangen wurde. Wer kennt noch ein treffendes Zitat? Wer kann einen Absatz prägnanter formulieren? Sollte man neben dem Widerstand des bürgerlichen und sozialdemokratischen Lagers auch den der Kommunisten besonders würdigen? Ist der 8. Mai ein »Tag der Befreiung« oder der »Tag der deutschen Katastrophe« – oder vielleicht beides? Über all das diskutierte die Runde in einer Marathonsitzung.

In dieser Phase der Arbeit war Weizsäcker grundsätzlich offen für Kritik und Einwände. Und einen gewichtigen hatte ich noch vorzubringen. Weizsäcker hegte nämlich seit langem den Plan, in dieser Rede auch die Begnadigung von Rudolf Heß zu fordern, der nach wie vor als Einzelhäftling im Spandauer Kriegsverbrechergefängnis einsaß. Es ging ihm dabei ausschließlich um Gnade für den alten Mann, nicht etwa um Relativierung von Schuld und Mitwirkung. Schon als Regierender Bürgermeister hatte er sich gegenüber den Alliierten wiederholt für die Freilassung des kranken Greises eingesetzt. Jeder wusste, das Thema der Gnade war Weizsäcker, vielleicht auch vor dem Hintergrund der Biografie des Vaters, besonders wichtig.

Als ich die »letzte Version« am Abend des 6. Mai auf den Schreibtisch bekam, war ich in hohem Maße alarmiert. Die Argumente, die ich zuvor in der Besprechung gegen die Heß-Passage vorgetragen hatte, hatten Weizsäcker nicht zu einer Änderung bewogen. Ahnte er nicht, dass er Gefahr lief, die Wirkung seiner ansonsten so glänzenden Rede zu konterkarieren? Um 20 Uhr wetterte der spätere Friedensnobelpreisträger Elie Wiesel in der *Tagesschau* gegen die angebliche »Schlussstrichmentalität« in der Bundesrepublik. Seine Äußerungen stärkten meine Befürchtungen. »Präsident fordert Freilassung des Hitler-Stellvertreters!« – das drohte die Überschrift in den Medien zu werden, was den Sinn der ganzen Rede in der öffentlichen Wirkung ins Gegenteil verkehrt hätte. Spätabends entschloss ich mich, Weizsäcker zu Hause anzurufen. Er reagierte zuerst sichtlich genervt, weil er ja die Gegenargumente kannte. Ich berichtete von dem, was Wiesel soeben gesagt hatte. Der Besuch Kohls und Reagans auf dem Soldatenfriedhof am Tag zuvor war auch gut gemeint gewesen und hatte doch eine verheerende Wirkung gehabt. Was er wolle, sei mir klar. Aber was daraus werde, sei unschwer vorhersehbar: Nun versuche sich also auch der deutsche Präsident an Relativierung und Schluss-strichdenken. In Gefahr gerieten außerdem seine geplanten Staatsbesuche in den USA und Israel. Und es sei absehbar, dass rechtsradikale Kräfte in Deutschland die Präsidenten-rede nur zu gerne in ihrem Sinne interpretieren und nutzen würden. Nach all den Missverständnissen, die es in diesem Jahr bereits gegeben habe, sei jedenfalls eines klar: Niemand würde sich mit den vielen klugen Passagen der Rede beschäf-tigen, sondern nur mit der Frage der Heß-Freilassung. Sei dieser das wert? – Weizsäcker war kurz angebunden und vertagte die Diskussion auf den nächsten Tag.

Am nächsten Vormittag fing ich Weizsäcker, der im Begriff war nach Paderborn zu fliegen, auf dem Hubschrauberlande-deplatz vor der Villa Hammerschmidt ab. Weizsäcker war trotz der Eile sehr freundlich. Ich war mir sicher, dass er inzwischen Pro und Contra noch einmal kritisch gewogen hatte. Er erklärte jedoch, dass es bei der Forderung bleibe, er allerdings eine genauere Begründung anfügen werde. Ich beharrte darauf: Er könne noch so viel und so gut begrün-den, die Schlagzeilen blieben doch die gleichen. Im Einstei-gen rief er mir zu, ich solle die Sache noch einmal mit den anderen Mitarbeitern besprechen. Als ich ihm kurz darauf die Meinung aus dem engeren Mitarbeiterkreis mitteilte, der ebenfalls riet, die Heß-Sätze zu streichen, knurrte er nur ins Telefon: »Sie haben sie agitiert.« Nach seiner Rückkehr am späten Nachmittag verkündete er jedoch zu meiner Erleichterung, dass er auf die Heß-Sätze verzichten, sie aber bei einer anderen geeigneten Gelegenheit vortragen werde.

Als geeignete Gelegenheit erschien Weizsäcker die Weihnachtsansprache 1985. Diesmal ließ er sich von keinem Einwand beirren. In der wie üblich vom Fernsehen übertragenen Rede forderte er Gnade für die inhaftierten Regimekritiker Andrej Sacharow und Nelson Mandela und griff daneben den heiklen Punkt Heß auf: »Ich möchte aber auch von einem ganz anderen Thema berichten, über das ich vor ein paar Tagen auf einem Weihnachtmarkt mit Berliner Bürgern sprach. Die Rede war von Rudolf Heß im Spandauer Gefängnis. Er war wahrlich kein Kämpfer für Menschenrechte und Freiheit. Als Hitlers Stellvertreter wurde er zu lebenslanger Haft verurteilt. Das entspricht unserem Rechtsempfinden. Doch nun verbüßt er seine Strafe seit 44 Jahren. Er ist ein 92-jähriger Greis. Er hat keine irdischen Hoffnungen mehr.

Welchem Gefühl, welchem menschlichen Wert soll so ein Strafvollzug noch dienen? In der Hitlerzeit gab es keine Gnade, und heute? Barmherzigkeit würde das Urteil über begangene Untaten nicht aufheben, sondern nur noch bekräftigen. ›Gnade ist die Stütze der Gerechtigkeit‹, so sagt es ein tiefes und großherziges russisches Sprichwort. Sie sollte ihm zuteil werden im Friedensjahr 1986.«

Ich muss gestehen, dass ich mich danach fragte, ob ich mit meinen Einwänden nicht wirklich zu viel Rücksicht auf taktische Erwägungen genommen hatte. Hatte Weizsäcker nicht recht, wenn er sich – wie es die Gnade erfordert – auf den Einzelfall konzentrierte, anstatt die allgemeinen Wirkungen zum Hauptmaßstab zu erklären? War es nicht auch richtig, das eigene Prestige nicht nur zu wahren, sondern auch einzusetzen, um seine Vorstellung von Gnade zu Gehör zu bringen?

Auf der anderen Seite bestätigte sich die Befürchtung, dass das Medienecho kritisch ausfallen würde. Auch wenn es kaum einen Kommentar gab, der Weizsäcker die gut gemeinten Motive seiner Ansprache absprach, so erhielt er doch weit mehr Ablehnung als üblich. Einmal mehr äußerte sich auch Heinz Galinski äußerst kritisch. Die *Welt am Sonntag* vom 5. Januar 1986 zitierte den Vorsitzenden der Jüdischen Gemeinde zu Berlin: »Ich habe es für unangemessen gehalten, Sacharow und andere zu nennen in einem Zusammenhang mit Rudolf Heß. Das war für mich wirklich wieder mal ein gewisser Tiefschlag. Und ich bitte um Verständnis für Menschen, die immer wieder durch solche Ereignisse an eine schreckliche Vergangenheit erinnert werden.«

Weizsäcker warf sich danach selbst vor, Sacharow, Mandela und Heß in einer Rede angesprochen zu haben. Lew Kopelew, der in der Bundesrepublik lebende Freund und Mitstreiter Sacharows, habe ihm zwar für die Erwähnung Sacharows warmherzig gedankt, aber er hätte den Russen und Mandela dennoch bei anderer Gelegenheit nennen sollen. Immerhin zeige eine genauere Analyse des Medienechos, dass kaum eine Stimme die Begnadigung von Heß ablehne, die Skepsis wende sich fast ausschließlich gegen die Bündelung.

Die Kritik war allerdings nicht einhellig. *Christ in der Gegenwart* etwa schrieb, dass Weizsäcker differenziert und überzeugend »konkrete Forderungen nach allgemeiner Humanität« formuliert habe: »Hier spüren wir auf einmal in der Politik das Echo der Bergpredigt. Offenbar ist es möglich, beides ganz vernünftig zu verbinden: Gnade und

Recht, Liebe und Gesetz. Sollten wir uns nicht nur für die Menschenrechte, sondern auch mehr für Barmherzigkeit und Gnade unter den Menschen einsetzen? Die Rede des Bundespräsidenten ist ein Beispiel für eine realistische und zugleich christliche Haltung.«

Die Zustimmung aus dem Lager der Rechtsextremen blieb übrigens aus. Dort wandte man sich dagegen, dass der »anständige« Deutsche Rudolf Heß mit einem »Terroristen« wie Mandela in einem Zusammenhang gebracht wurde. Auch forderte die rechtsradikale Szene keineswegs Gnade, sondern Recht für Heß. Man verübelte Weizsäcker, und zwar bis in die Leserbriefspalten konservativer Zeitungen hinein, dass er die lebenslange Strafe von Heß als »unserem Rechtsempfinden entsprechend« dargestellt hatte.

... und anspruchsvolle Chef

Niemand täusche sich: Es ist nicht einfach, für Richard von Weizsäcker zu arbeiten. Das Leben eines Politikers in herausragender Position ist so sehr auf dauerhafte Höchstleistung angelegt, so sehr im Minutentakt verplant, dass man sich Fehler nicht erlauben kann. Im Einfordern von Höchstleistungen seiner Umgebung war und ist auch Richard von Weizsäcker deshalb nicht weniger anspruchsvoll als andere. Seine ruhige, freundliche Art, die man von vielen Auftritten kennt, kontrastierte nicht selten scharf mit der fordernden, zuweilen sogar ausgesprochen harten Art im Umgang mit Mitarbeitern. Aber so gnadenlos er Leistung einfordern konnte, so gnädig war er zumeist, wenn er wenigstens ehrliches Bemühen spürte und der auf allen führenden Politikern vor einem wichtigen Ereignis lastende Druck gewichen war.

Meine erste wichtigere Redevorbereitung war – wie bereits geschildert – die Grundsatzrede Weizsäckers zur Sicherheitspolitik auf dem Hamburger CDU-Parteitag 1981. Ich saß in meinem kleinen Büro im Rathaus Schöneberg an dem alten Schreibtisch mit der uralten schwarzen Lampe, die schon an gleicher Stelle Ernst Reuters Redenschreiber benutzt haben dürften, und schrieb und schrieb. Ich, der »Neue« und mit Abstand Jüngste im Team, wusste, dass ich mich hier bewähren musste. Also las ich alle aktuellen und grundsätzlichen Veröffentlichungen zum Thema, studierte Weizsäckers frühere Einlassungen, besprach mich mit Experten, formulierte und feilte an meinem Entwurf, den ich dann mit klopfendem Herzen vorlegte. Einige Tage später wurde ich zu Weizsäcker gerufen. Er saß vor dem Entwurf, den er augenscheinlich gerade erst gelesen hatte und schüttelte den Kopf. Damit könne er nichts, gar nichts anfangen. Sagte es und zerriss vor meinen Augen die Arbeit unzähliger Stunden. Es sei gar nichts falsch, alles brav aufgeschrieben, was gut und richtig sei. Aber es sei ein langweiliger akademischer Vortrag, keine Rede. Der Text sei eine fantasielose Aneinanderreihung gut gemeinter, zum größten Teil bekannter Leitsätze, sie habe keine Spannung und schon gar keine Höhepunkte. Nein, so gehe das nicht. Als ich zu argumentieren versuchte, wurde er ärgerlich. Ich müsse das nun einmal akzeptieren, so rede er nun einmal nicht. Ich versprach, in Kürze einen weiteren Entwurf vorzulegen und verließ deprimiert sein Büro.

Am folgenden Tag erreichte mich die Nachricht, dass Weizsäcker entschieden habe, mich als einzigen Mitarbeiter mit zum Parteitag nach Hamburg zu nehmen: meine erste kleine Reise mit dem Chef. Offenbar hatte er gemerkt, wie hart ich gearbeitet hatte und wie enttäuscht ich gewesen war. Also fuhr ich mit nach Hamburg, wo wir gemeinsam neben der Arbeit auch viel Spaß hatten. Wir diskutierten noch mehrmals die Anlage seiner Ansprache, und als er sie schließlich unter dem starken Beifall der Partei hielt, war ich irgendwie doch der Meinung, wesentlich dazu beigetragen zu haben. Er hatte es geschafft, die Messlatte sehr hoch zu legen und mich gleichzeitig zur völligen Identifikation mit meiner Arbeit zu bringen.

Ein anderes Mal, ich war inzwischen Leiter seines persönlichen Büros geworden, war seine Kritik noch schwerer zu ertragen. Er musste zu einer Tagung des Rates der EKD nach Stuttgart. Der Wagen, der ihn nach Tegel bringen sollte, wartete. Ich wollte, dass er vor der Abreise noch möglichst viele Akten wegarbeitete, und so nahm ich die diversen Briefordner, die auf seinem Schreibtisch zur Unterschrift bereitlagen mit auf die Fahrt zum Flughafen, um sie ihm – von mir ungelesen – während der Fahrt zur Unterschrift zu reichen. Schon beim ersten Briefentwurf schnaubte er vor Wut über einen offenkundigen Fehler bei der Adresse. Das sei keine Briefkultur, ich müsse auf so etwas achten. Dann, so richtig in Fahrt gekommen, ging er mit seinem grünen Füller durch alle weiteren Briefe und fand überall Fehler. Oder der ganze Entwurf missfiel ihm. Einen Brief nach dem anderen strich er durch. Erklärungsversuche von meiner Seite machten ihn noch wütender. In Tegel angekommen, wandte er sich zu mir und erklärte: »Ich habe ein schlechtes Büro.« Ich zuckte zusammen, fand seine Kritik ungerecht, da ich mich gerade erst einarbeitete in die neue Funktion und überhaupt noch wenig Erfahrung besaß. Aber er bekam in der Regel gute, sehr gute Arbeit vorgelegt. Ich erklärte daraufhin, dass ich, wenn das seine ehrliche Meinung sei, wohl besser gehe. Und das tat ich auch. Ich verabschiedete mich und verließ das Auto. Wenig später kamen mir allerdings Zweifel, ob das eine kluge Reaktion gewesen war. Nachdem er in Stuttgart gelandet war, rief ich Weizsäcker an und entschuldigte mich. Er hörte zu und sagte kurz: »Es ist gut, dass Sie gleich anrufen und sich entschuldigen. Die Sache ist erledigt.« In all den Jahren als sein Mitarbeiter haben wir nie wieder über diese Episode gesprochen.

Besonders nervös wurde Weizsäcker stets dann, wenn großer Termindruck oder gar die reale Gefahr der Verspätung bestand, denn er hasst Unpünktlichkeit. Schon als Junge habe er seine Schweizer Klassenkameraden nicht warten lassen können. Dieser »Fimmel« sei angeboren. Eigentlich komme er lieber gar nicht als zu spät.

An einem Novembertag 1987 flog kleine Gruppe Mitarbeiter mit ihm in einer Maschine der Flugbereitschaft der Bundesregierung in Richtung Heidelberg, wo Weizsäcker anlässlich des 80. Geburtstages von Dolf Sternberger eine Rede zum Thema Verfassungspatriotismus halten sollte. Zunächst ging alles gut. Wir unterhielten uns während des Flugs entspannt über mögliche Auswirkungen der Barschel-Affäre auf den bevorstehenden CDU-Parteitag, über den gerade erfolgten Rücktritt des amerikanischen Verteidigungsministers Caspar Weinberger und über die Katholische Bischofskonferenz. Plötzlich aber kam einer der Piloten aus dem Cockpit und teilte uns mit, dass wir wegen Nebels in Heidelberg nicht landen könnten und deshalb Frankfurt anfliegen müssten. Der Fahrer Weizsäckers sei bereits informiert und befinde sich auf dem Weg dorthin.

Diese Mitteilung bedeutete, dass wir die Zeitpläne, die bis auf die Minute festgelegt waren, nicht würden einhalten können. Ich machte mich auf einiges gefasst. In der Tat wurde Weizsäcker merkwürdig schweigsam. Als die Maschine landete, war der Wagen Weizsäckers noch nicht da. Wir erkundigen uns gerade nach einem Mietwagen, als der Fahrer Bachmann, der ja die Umleitung nicht hatte ahnen können, auf dem Flughafen eintraf. Weizsäcker, sein Büroleiter Dellmann und ich – damals Pressesprecher – stiegen in den Wagen. Ein Flughafenfahrzeug mit Blaulicht fuhr voran, um uns den komplizierten Weg aus dem Gelände zu weisen. Aus irgendeinem Grund verloren wir es jedoch aus den Augen, und so verfuhren wir uns hoffnungslos.

Weizsäcker, schon nervös genug, geriet außer sich und fing an, seinen Fahrer, der selbst ebenfalls immer aufgeregter wurde, zu dirigieren. Endlich entdeckten wir eine Ausfahrt aus dem Sicherheitsbereich des Flughafens. Dem Beamten dort war kein Bundespräsident gemeldet worden, er weigerte sich, uns durchzulassen. Kurz bevor Weizsäcker aus dem Wagen sprang, um die Schranke eigenhändig hochzuziehen, ließ der Flughafenmitarbeiter sich jedoch von einem Kollegen überzeugen, dass man – Vorschrift hin, Vorschrift her – das eigene Staatsoberhaupt nicht einsperren dürfe.

Kaum waren wir auf der Autobahn, als Weizsäcker wissen wollte, ob jemand die Veranstalter in Heidelberg von unserer Verspätung unterrichtet habe. Dellmann, der auf dem Beifahrersitz saß, erklärte unsicher, er gehe davon aus, dass der Protokollchef des Präsidialamtes die Heidelberger Universität inzwischen unterrichtet habe. Weizsäcker wollte es genau wissen: »Hat er oder hat er nicht?« Da musste Dellmann einräumen, dass er es leider nicht genau wisse.

Weizsäcker war erneut »auf der Palme«. Ob wenigstens sichergestellt sei, dass uns in Heidelberg ein Polizeilotse erwarte, um uns schnell durch den Innenstadtverkehr zur Universität zu bringen. Anstatt dies einfach mit einem klaren Ja zu behaupten, begann der Fahrer eine umständliche Erklärung, mit wem er alles deswegen telefoniert habe. Die letzte Dienststelle, mit der er gesprochen habe, habe ihm zugesichert, dass man mit den verantwortlichen Stellen sprechen werde.

Weizsäcker sackte entnervt in sich zusammen. Er forderte Dellmann auf, über das Autotelefon in Bonn anzurufen, um für die Benachrichtigung Sternbergers und der Polizeilotsen zu sorgen. Der arme Dellmann, woher sollte er wissen, wie das Autotelefon in dem ihm fremden Wagen zu bedienen war? Allgegenwärtige Mobiltelefone gab es noch nicht. Bachmann, der Fahrer, wollte kollegial helfen und begann bei hoher Geschwindigkeit selbst zu wählen, was Weizsäcker noch mehr aus der Fassung brachte. Doch lieber zu spät als gar nicht ankommen! Er herrschte Bachmann an. Nach weiteren erfolglosen Versuchen – mittlerweile lag es an der schlechten Verbindung – resignierte Weizsäcker.

Da ereilte uns die nächste Katastrophe: Bachmann hatte vor lauter Aufregung die Abzweigung nach Heidelberg verpasst. Dellmann rettete die Situation, indem er selbstbewusst erklärte, dass man auch auf dieser Autobahn nach Heidelberg kommen könne. Bachmann schloss sich an und behauptete, dass er bewusst nicht abgebogen sei, da die A5 angeblich zu befahren sei. Weizsäcker ließ es dabei bewenden.

Während dieser Vorgänge saß ich ruhig auf meinem Platz neben Weizsäcker und blickte aus dem Fenster. Da mir früher oft passiert war, was jetzt Bachmann und Dellmann über sich ergehen lassen mussten, war ich leicht amüsiert. Ich wusste, dass Weizsäcker nicht ernsthaft böse war, er musste eben auch einmal Dampf ablassen dürfen. In solchen Situationen half es, ein schuldbewusstes Gesicht zu machen und eisern zu schweigen. Nach einer Weile konnte man dadurch in die Offensive gehen, dass man den Bundespräsidenten auf ein wichtigeres Thema ansprach, um ihn abzulenken.

Ich zückte sein Redemanuskript für Heidelberg und setzte eine besorgte Miene auf. Wie erwartet, dauerte es keine Minute, bis Weizsäcker fragte, was los sei. Ich wies auf den Abschnitt seines Redemanuskriptes hin, in dem er davon sprach, dass es nach dem Krieg »menschlicher« gewesen sei, den materiellen Wiederaufbau zu betreiben, anstatt sich den profunderen geistigen Fragen zu stellen. Dies sei genau die These, die Hermann Lübbe auf einer Historikertagung im Januar 1983 in Berlin vertreten habe. Sie sei leicht missverständlich, denn es werde als richtig dargestellt, dass nach dem Krieg zunächst die Schuldfrage verdrängt wurde. Ob man das nicht klarer formulieren könne?

Weizsäcker widersprach energisch, erklärte sich schließlich aber bereit, den entscheidenden Satz zu ändern, sodass es hieß: »War es alsbald nach dem Krieg nicht menschlicher, war es nicht menschlich unvermeidlich, schwere Fragen offenzulassen und zunächst etwas aufzubauen, was einer neuen Identifikation wert war?«

Kurz darauf erreichten wir den Stadtrand von Heidelberg, wo uns der Polizeilotse erwartete. Auf der Veranstaltung war, wie jeder außer Weizsäcker erwartet hatte, niemand über die Verspätung verstimmt. Alle freuten sich über das strahlende Sommerwetter, wieder mit Ausnahme Weizsäckers. Der wies zum blauen Himmel und sagte: »Wir hätten doch wunderbar hier landen können!«

Auf der Fahrt zurück nach Frankfurt kam ich vorsichtig auf die Ereignisse vom Vormittag zurück. Norbert Kaczmarek, mein Vorgänger als Büroleiter in Berlin, habe mich, so zog ich den Präsidenten ein wenig auf, schon 1981 davor gewarnt, bei Weizsäcker ins Auto zu steigen, wenn eine Verspätung drohe. Vor allem dürfe man in diesen Situationen nie Versuche der Rechtfertigung oder Beschwichtigung unternehmen.

Solche Geschichten liebt Weizsäcker. Er strahlte, lobte Kaczmarek, der einmalig sei und ihn stets gut verstanden habe. Schließlich hielt er, mit leiser aber doch vorne vernehmbarer Stimme, eine Laudatio auf Bachmann, der außergewöhnlich liebenswürdig sei. Im Bewusstsein, Bachmann und Dellmann am Vormittag das Leben schwer gemacht zu haben, gab sich der Präsident von nun an ganz besondere Mühe mit beiden.

Weizsäcker hat sich, soweit ich mich erinnere, nie für eine Ungerechtigkeit im Umgang mit seinen Mitarbeitern expressis verbis entschuldigt, aber in allen mir bekannten Fällen durch Gesten hinterher indirekt um Verzeihung gebeten.

Besonders ausgeprägt für einen Spitzenpolitiker ist seine Fähigkeit, abweichende Meinungen oder Kritik zu ertragen, ja mehr noch: sie von den eigenen Mitarbeitern zu erwarten. Eigentlich begann auf diese Weise auch mein Arbeitsverhältnis mit ihm. Ich war im Juli 1981, kurz nach seiner Wahl zum Regierenden Bürgermeister zum Vorstellungsgespräch geladen. Zwar kannte er mich aus meiner Tätigkeit als Bundesvorsitzender des Rings-Christlich-Demokratischer-Studenten (RCDS), aus dem Bundesvorstand und der Grundsatzkommission der CDU, aber er wollte sich noch einmal ein Bild machen, ob ich für die offene Stelle eines Redenschreibers in der Senatskanzlei geeignet sei. Während das Berliner Abgeordnetenhaus erregte Debatten führte, saß ich ihm im Casino gegenüber, bestens auf alle Berliner Themen vorbereitet. Aber er begann das Gespräch ganz anders als erwartet. Von seinem Sprecher, Meinhard Ade, habe er erfahren, dass ich an meiner Dissertation über die amerikanische Außenpolitik der siebziger Jahre schreibe – worum es denn darin gehe? Ich berichtete kurz von meiner Arbeit, und schon waren wir mitten in einer intensiven Diskussion über Kissingers Realpolitik, Carters Menschenrechtsaktivitäten und über die Vereinbarkeit von Moral und Außenpolitik im Allgemeinen. Wenige Stunden vor der entscheidenden Abstimmung über Weizsäckers Regierungserklärung erlebte ich den »Regierenden« in einer für ihn typischen Weise:

vom Gesprächsthema fasziniert, voll konzentriert, bereit zum Zuhören, alles andere um ihn herum für kurze Zeit vergessend, offen für neue Argumente – und doch bestimmt und streitbar für seine Sichtweise werbend.

Nach etwa einer halben Stunde beendete Weizsäcker das Gespräch mit dem Hinweis, er müsse zurück ins Plenum. Er bedankte sich dafür, dass ich nach Berlin gekommen sei, und fügte lapidar an: »Nun haben wir uns schon bei unserem ersten Treffen gestritten; das wird sicher noch häufiger vorkommen.«

Weizsäcker akzeptierte nicht nur eine eigene, abweichende Haltung, er forderte sie sogar ein. Wenn er einen Redeentwurf vorab übersandte, regte ihn nichts mehr auf, als wenn er darauf keine Reaktion oder völlige Zustimmung erhielt. Allerdings war ein Mitarbeiter gut beraten, wenn er für mögliche Kritik eine angemessene Form und einen geeigneten Zeitpunkt wählte. Sonst konnten die Anmerkungen leicht als Besserwisserei oder Wichtigtuerei aufgefasst werden. Im Großen und Ganzen aber gab es in Weizsäckers Umgebung ein sehr offenes, diskursbetontes Arbeitsklima, kein Duckmäusertum, keine Angepasstheit. Deshalb habe ich sehr gerne bei ihm gearbeitet. Für mich war er Chef und Lehrmeister, später väterlicher Freund und Ratgeber in vielen Situationen – bis heute.

Er ist eine Persönlichkeit, die auch bei genauerem Kennenlernen hält, was sie im ersten Moment verspricht. Trotz mancher Launen und einer gewissen Druckempfindlichkeit ruht er im Kern in sich selbst. Er kommt dem Idealtypus des liberalen Großbürgers nahe. Er predigt nicht nur, er lebt eine bürgerliche Kultur vor: Die Familie ist von überragender Bedeutung, die Loyalität zu Freunden ebenfalls. Bildung, Kultur und Religion spielen eine entscheidende Rolle in seinem Leben, genauso wie eine gepflegte Debattenkultur, eine Abneigung gegen zu viel Fernsehkonsum und die Freude an den täglichen Zeitungen. Hinzu kommen Tugenden wie Anstand, Ehrlichkeit, Leistung, Fleiß, Pünktlichkeit, äußere Formen bis hin zu einer angemessenen Kleidung. Als ich ihm zu Beginn meiner Tätigkeit einmal Akten in den Plenarsaal des Berliner Abgeordnetenhauses trug, wies er mich scharf zurecht: Er wolle mich hier nie wieder ohne Krawatte sehen! Aber andererseits ist er nicht Gefangener der eigenen Grundsätze, sie werden nicht zur Ideologie. Fehler und Unvollkommenheiten kann er daher verzeihen, damit gegebenenfalls auch humorvoll umgehen. Auch schafft er es trotz der immer hektischer werdenden Zeit, sich seinen Lebens- und Arbeitsstil, sein Tempo und seine Schwerpunkte zu bewahren. Wahr ist wohl, dass die Biografie und Lebensweise des Vaters prägenden Einfluss auf den Sohn, dessen Sichtweisen und Lebensthemen hatten. Vielleicht kommt es auch daher, dass er nach Möglichkeit größere Konflikte vermied und immer wieder versuchte, es möglichst vielen recht zu machen. Insofern passt die Persönlichkeit Weizsäckers tatsächlich besonders gut zu der verfassungsrechtlichen Beschreibung, die das Präsidentenamt im Grundgesetz gefunden hat. Doch wir haben gesehen, dass Weizsäcker auch ganz anders konnte – und kann.

Vielleicht war es gerade sein Ruhen in der Familie und der bürgerlichen Welt, das bewusste Leben in der Geschichte und der Kultur Deutschlands und Europas, dass es ihm ermöglicht hat, so glaubwürdig, beliebt und erfolgreich zu sein. Es gab für ihn vor, während und nach der aktiven Zeit als Politiker immer sehr viel außerhalb der Politik, was das Leben lohnte: seine Frau, mit der nun fast sechzig Jahre verheiratet ist, seine Kinder und Enkel, wirklich gute jahrzehntealte Freundschaften, Bücher, das Theater, die Oper und die Konzertsäle, den Sport und vieles mehr. Er wurde nie abhängig von der »Droge Politik«, nie erpressbar, war stets authentisch, blieb sein eigener Herr. Selbst neben einem Giganten wie Helmut Kohl und der von ihm geführten mächtigen Partei wahrte er seine Unabhängigkeit, blieb selbstbestimmt auch in Phasen größten politischen Drucks. Und dafür hatte er das Glück des Tüchtigen: Genau in der Mitte seiner zehnjährigen Präsidentschaft fällt die Mauer und Weizsäcker wird erster Präsident eines freien und geeinten Deutschlands.

Im Ganzen gibt es keine vergleichbare Politikerkarriere in Deutschland: vom späten Eintritt in die Politik im Jahr 1969 bis zum Ende der zweiten Amtszeit als Präsident 1994 – also ein Vierteljahrhundert – mit großer Wirkung und bleibenden Spuren, gleichzeitig ohne Skandale, ohne Brüche, ohne wirkliche Niederlagen und am Ende der Laufbahn im Vollbesitz der Kräfte und hoch angesehen in der Bevölkerung.

Personenregister

Ackermann, Eduard 100
Ade, Meinhard 213
Adenauer, Konrad 15, 69, 72, 90, 114, 136
Albrecht, Ernst 100f., 112
Alkuin von York 148
Amery, Carl 178
Andrew, Prinz, Herzog von York 138f.
Anne, Princess Royal 140
Antonow, Alexej 27
Augstein, Rudolf 83, 95

Bachmann, Gerhard 209–213
Bahr, Egon 18, 188
Barenboim, Daniel 186
Barschel, Uwe 209
Barzel, Rainer 57, 99, 110, 188
Bausch, Pina 182
Beatrix, Königin der Niederlande 64
Becker, Boris 191–193, 195
Becker, Hellmut 80
Becker, Jurek 187
Beckmann, Lukas 178

Ben Gurion, David 69, 72
Benrath, Martin 180
Berggrav, Eivind 82
Bernhard, Thomas 187
Biedenkopf, Kurt 105
Bienek, Horst 187
Biermann, Wolf 46f.
Birthler, Marianne 46
Bismarck, Otto von 21, 25, 141
Blüm, Norbert 91, 95
Blumenfeld, Erik 19
Böll, Heinrich 60, 178–180
Boenisch, Peter 51
Boesak, Allan 188
Bohley, Bärbel 46f., 94
Borchers, Elisabeth 187
Bowes-Lyon, Elizabeth (»Queen Mum«) 136, 140
Bracher, Karl Dietrich 145
Brandt, Willy 18–20, 30, 32, 60, 75, 105, 187–191
Bresser, Klaus 37
Brühl, Heinrich Graf von 26
Brüsewitz, Oskar 47
Brundtland, Gro Harlem 188

Buber, Martin 67
Burt, Richard 165 f.
Bush, George H. W. 30, 104,
    156, 166
Bush, George W. 166–169
Bussche, Axel von dem
    74, 78 f.

Canaletto 25
Carlsson, Ingvar 188
Carrington, Peter, Lord 161
Carstens, Karl 107, 111
Carter, Jimmy 213
Claudel, Paul 180
Claus von Amsberg, Prinz der
    Niederlande 63 f.
Chamberlain, Arthur Neville
    81
Charles, Prince of Wales
    139
Chirac, Jacques 170
Churchill, Winston 80, 149
Cramm, Gottfried von 192

Daume, Willi 187
Debray, Regis 180
Dehaene, Jean-Luc 152
Dellmann, Jörg 210 f., 213
Delors, Jacques 147, 188
Dershowitz, Alan 83
Dönhoff, Marion Gräfin
    187
Duve, Freimut 178

Elisabeth II., Königin von
    Großbritannien 136–140

Enzensberger, Hans Magnus
    127, 187
Eschenburg, Theodor 187
Evert-Lloyd, Chris 193

Ferguson, Sarah, Herzogin von
    York 138
Fest, Joachim 61
Fetscher, Iring 78
Frank, Anne 63
Frantz, Justus 180
Friedrich II. (»der Große«),
    König von Preußen 21, 118
Friedrich August II., Kurfürst
    von Sachsen 25
Friedrich, Götz 186
Frings, Josef Kardinal 114
Fuchs, Jürgen 47

al-Gaddafi, Muammar 164
Galinski, Heinz 205
Gaulle, Charles de 179
Geißler, Heiner 16, 44, 87,
    108
Genscher, Hans-Dietrich 13,
    27, 29 f., 52, 69, 75, 109,
    140 f., 188
Georg III., König von Groß-
    britannien und Hannover
    142
Georg VI., König von Groß-
    britannien 136
George, Heinrich 106
George, Stefan 132
Gerstenmaier, Eugen 105
Giuranna, Bruno 181

Glotz, Peter 91, 112, 188
Goebbels, Joseph 27
Görtemaker, Manfred 120
Goethe, Johann Wolfgang von
142, 183
Gorbatschow, Michail 25,
27 f., 104, 145, 156, 166
Gouri, Chaim 70
Gouri, Yael 70
Graf, Peter 194
Graf, Steffi 193
Grass, Günter 178, 181
Gromyko, Andrej 28

Haakon VII., König von
Norwegen 73
Habermas, Jürgen 61, 156
Hacke, Christian 162
Haeberle, Hermann 134
Haig, Alexander 158 f.
Hallstein, Walter 136
Hasselmann, Wilfried 105
Havel, Václav 130, 155,
173–175
Heimann, Karl-Heinz 194
Heinemann, Gustav 137
Heisenberg, Werner 132
Henkel, Walter 105
Hentig, Hartmut von 126
Hermlin, Stefan 180, 187
Herrmann, Ludolf 121–124,
126
Herzog, Chaim 67, 69, 71 f.
Herzog, Roman 127
Heß, Rudolf 202–206
Heuss, Theodor 137

Heym, Stefan 185
Hillgruber, Andreas 61 f.
Hilsberg, Stephan 46
Hirohito, Kaiser 75, 166
Hitler, Adolf 25, 52, 73 f., 76,
78 f., 81 f., 106, 190, 204
Höcherl, Hermann 105
Höffner, Joseph Kardinal 187
Hofmann, Gunter 61, 86, 127
Honecker, Erich 24–26, 43 f.,
145, 157
Howe, Sir Geoffrey 148

Jonas, Hans 117

Kaczmarek, Norbert 212
Kádár, János 109
Kagan, Robert 169
Kandinsky, Wladimir 184
Kant, Immanuel 117
Karajan, Herbert von 182
Karl der Große 148 f., 150
Kielinger, Thomas 65
Kissinger, Henry 18, 164 f.,
213
Kleist, Ewald von 105
Klose, Hans-Ulrich 87
Köhler, Horst 127
Koeppen, Wolfgang 187
Kohl, Helmut 13, 15 f., 20,
24, 27–31, 33–35, 37, 39,
50–53, 85, 87, 90, 95–105,
107, 110–113, 148,
150–152, 188, 197, 203,
216
Kolakowski, Leszek 171

Kollek, Teddy 69
Konrád, György 171, 175
Kopelew, Lew 178, 205
Kraatz, Birgit 190
Kreisky, Bruno 188
Kremer, Gidon 180
Kretschmann, Marianne von
 siehe Weizsäcker, Marianne
 von
Krieps, Robert 73 f.
Kruse, Martin 9
Kühnhardt, Ludger 148
Kürten, Dieter 191
Kundera, Milan 171 f.
Kunert, Günter 181
Kunze, Rainer 47
Kupfer, Harry 186
Kwisinski, Julij 27

Lafontaine, Oskar
 118, 188
Langer, Bernhard 193
Leber, Julius 121
Leicht, Robert 54
Leinemann, Jürgen 190
Lenz, Siegfried 44, 180
Lepenies, Wolf 95
Lichtenberg, Georg Christoph
 108, 142
Liebknecht, Karl 44
Lubbers, Ruud 65
Ludwig II., König von Bayern
 139
Lübbe, Hermann 212
Luther, Martin 21 f.
Luxemburg, Rosa 44

Maizière, Lothar de 33
Malingré, Heinz 150
Mandela, Nelson 140,
 204–206
Mann, Golo 187
Mann, Heinrich 124
Mann, Thomas 91
Markham, James 162
Marx, Karl 43
Mathiopoulos, Basil 188
Mathiopoulos, Margarita 33
Mazowiecki, Tadeusz 155,
 174
McCloy, John 83
Meckel, Markus 47
Meinhof, Ulrike 179
Meri, Lennart 175 f.
Merkel, Angela 35, 166 f.
Milosz, Czeslaw 171
Mitchell, John H. 165
Mitterrand, François 30, 51,
 148, 150, 188, 192
Moldt, Ewald 16 f.
Mommsen, Wolfgang 62
Mulisch, Harry 63
Mutter, Anne-Sophie 181

Nachmann, Werner 69 f.
Naumann, Friedrich 172
Nayhauß, Mainhardt Graf von
 109
Neubert, Erhart 47
Niegel, Lorenz 54
Niemöller, Martin 114
Nolte, Ernst 61
Nooke, Günther 46 f.

Offa von Merzien, König 149
Olaf V., König von Norwegen
    72 f., 133 f.
Ost, Friedhelm 68

Paz, Octavio 180, 182 f.
Peres, Simon 69
Perger, Werner 86
Philip, Prinz, Herzog von
    Edinburgh 138
Pinger, Winfried 19
Pöhl, Karl-Otto 39
Polke, Sigmar 180
Pompidou, Georges 180
Popper, Karl 117
Priebe, Hermann 79 f.
Prodi, Romano 152
Proust, Marcel 185
Putin, Wladimir 170

Quay, Peter 100 f.

Raddatz, Fritz J. 184
Ramphal, Sheridat 188
Rau, Johannes 87 f., 127, 188
Reagan, Nancy 160
Reagan, Ronald 27, 50–53, 66,
    142, 145, 158–161, 165 f.,
    199, 203
Rehlinger, Ludwig 44
Reich, Jens 47
Reich-Ranicki, Marcel 180
Reuter, Ernst 207
Richter, Hans Werner 181
Richter, Horst-Eberhard 87,
    190

Rilling, Helmut 182
Rommel, Manfred 108
Roosevelt, Theodore 124
Rosenzweig, Franz 67
Rostropowitsch, Mstislaw
    181
Rovan, Joseph 172
Rubinstein, Artur 185
Rühe, Volker 27
Rumsfeld, Donald 169

Sacharow, Andrej 129, 204 f.
Saddam Hussein 167
Salisbury, Lord Robert Arthur
    141
Sartre, Jean-Paul 179
Schäuble, Wolfgang 29, 41,
    44, 88
Scheel, Walter 18, 100, 111
Schleyer, Hanns Martin 105
Schlögel, Karl 172
Schmidt, Helmut 15, 20, 44,
    90, 117 f., 120
Schönhuber, Franz 76
Schoepe, Klaus 150 f.
Scholl, Hans 121
Scholl, Sophie 119, 121
Schorlemmer, Friedrich 23
Schröder, Gerhard 46, 167,
    170
Schulenburg, Fritz-Dietlof Graf
    von der 79
Schwarz, Hans-Peter 87
Schwarz, Heinz 105
Seiters, Rudolf 29
Seitz, Norbert 97

Simon, David, Lord Simon of
  Highbury 152
Sindermann, Horst 21
Skierka, Volker 101
Sloterdijk, Peter 187
Sölle, Dorothee 178
Sontheimer, Kurt 87
Sorsa, Kalevi 188
Spadolini, Giovanni 180
Späth, Lothar 112
Speitel, Angelika 84, 102
Spencer, Diana, Princess of
  Wales 137–140
Springer, Axel 69
Stauffenberg, Claus Schenk
  Graf von 121
Steinbach, Thilo 33
Stern, Carola 178
Sternberger, Dolf 209, 211
Stockhausen, Karlheinz 185
Stolpe, Manfred 22, 41, 43,
  45–47
Strauß, Franz Josef
  24, 105–110, 112
Stücklen, Richard 105
Stürmer, Michael 61
Stuth, Reinhard 198
Süßmuth, Rita 108

Teltschik, Horst 33, 163
Thadden-Trieglaff, Reinhold
  von 114
Thatcher, Margaret 141f.,
  147f.
Tolstoi, Leo 155

Valerien, Harry 191–193
Vogel, Bernhard 105
Vogel, Jochen 188
Vogel, Wolfgang 41, 43f.,
  47
Vollmer, Antje 126
Voltaire 158
Vranitzky, Franz 188

Waigel, Theo 39
Walser, Martin 180
Weber, Juliane 101
Weidenfeld, Werner 172
Weinberger, Caspar 209
Weisflog, Jens 195
Weiss, Konrad 47, 94
Weizsäcker, Carl Friedrich von
  81, 106, 132, 196
Weizsäcker, Ernst von
  45, 49, 76f., 80–83, 106,
  129, 134–136, 189, 202,
  215
Weizsäcker, Heinrich von
  77
Weizsäcker, Marianne von
  20, 52, 114, 137f., 180f.,
  186, 215
Wiesel, Elie 202f.
Wilhelm II., Kaiser 91, 137
Winkler, Heinrich August
  175f.
Wohmann, Gabriele 181
Wolf, Christa 180

Zimmermann, Friedrich 105